Nenna von Merhart
Walter Spörr

Weihnachtskrippen bauen

Nenna von Merhart
Walter Spörr

Weihnachtskrippen bauen

Mit 9 Farbbildern und 63 Schwarzweißbildern von Engelbert Pöschl
sowie 118 Zeichnungen

Tyrolia-Verlag · Innsbruck-Wien

Für Paul Flatz

2. Auflage, 5. bis 9. Tsd.

CIP-Kurztitelaufnahme der Deutschen Bibliothek

Merhart, Nenna von:
Weihnachtskrippen bauen / Nenna von Merhart ; Walter Spörr.
Mit 9 Farbbildern u. 63 Schwarzweißbildern von Engelbert Pöschl. – 2. Aufl. –
Innsbruck ; Wien : Tyrolia-Verlag, 1985.
ISBN 3-7022-1580-8

NE: Spörr, Walter ; Pöschl, Engelbert:

Umschlagbilder:
Vorne: Heimatliche Krippe mit Hintergrund;
hinten: Orientalische Krippe im Bauzustand.
Fotos: Engelbert Pöschl
Vorsatz: Foto Engelbert Pöschl
Zeichnungen: Ernst Hollenstein (69) und Sepp Mathoi (11)

Alle Rechte bei der
Verlagsanstalt Tyrolia Gesellschaft m. b. H.,
Innsbruck, Exlgasse 20
Gesamtherstellung in der
Verlagsanstalt Tyrolia Gesellschaft m. b. H., Innsbruck

Inhalt

7 Ein Brief zum Beginn
9 Entstehung, Entwicklung und Verbreitung der Krippe
12 Die goldenen Regeln für den Krippenbau
13 Einige grundsätzliche Überlegungen vor Arbeitsbeginn
25 Krippenbauer ist man das ganze Jahr
28 Was benötigen wir an Material und Werkzeug?
30 Graphischer Krippenmeter
32 Das Grundbrett
33 Herstellung des Krippenmörtels, der Verstreich- und Steinchenmasse
35 Bau einer Höhlen- oder Wurzelkrippe
41 Bau einer orientalischen Krippe
59 Bau einer heimatlichen Krippe
81 Bau von Schneekrippen
83 Bau von Stilkrippen
85 Bau des Geländes
89 Bau von verschiedenen Brunnen und Brücken

96 Das Beizen des Holzes
97 Das Krippenbergfassen – Krippenbergmalen
99 Das Streumaterial
101 Krippenbotanik
109 Haus- und Arbeitsgeräte
110 Gießmaterial für Brunnen und Bäche
111 Die Beleuchtung
112 Die schwierige Frage des Hintergrundes
114 Entwürfe für Ställe bzw. Unterstände ohne Gelände
118 Entwürfe für orientalische Krippen
122 Abgewandelte Höhlenkrippen
123 Entwürfe für einfache orientalische Krippen ohne Gelände
125 Entwürfe für orientalische Gebäudekomplexe
127 Entwürfe für heimatliche Krippen
133 Vier orientalische Krippen mit Schnittmuster
148 Ein Brief zum guten Schluß
149 Krippenverbände

Ein Brief zum Beginn

Liebe Freunde der Krippe
Auf der ganzen Welt zählt die Krippenbewegung Zigtausende Anhänger. Krippen werden gebaut und verehrt in den chinesischen Missionen ebenso wie in Chile; in Afrika finden sich ebenso Christen zusammen, um dem Krippengedanken zu huldigen, wie sie es in Spanien, Italien, Frankreich, Deutschland, Österreich usw. tun. Die Bewegung ist im wahrsten Sinne „weltweit", um dieses vielstrapazierte Wort zu gebrauchen. Dabei muß es als selbstverständlich angesehen werden, daß die Ausführung der Krippe jedesmal eine andere ist, entsprechend den Handfertigkeiten, die in dem betreffenden Gebiet geübt werden; entsprechend dem Material, das zur Verfügung steht; entsprechend den christlichen Bräuchen, mit denen man sich umgibt. So wird die Krippe des Asiaten aus Bambusrohr bestehen; diejenige des Peruaners wird die ganze Farbenfreude dieses Volkes in sich vereinen und der Tiroler wird seine ganze Gestaltungskraft in schmucke kleine Holzhäuschen legen. Allen gemeinsam aber ist die Grundidee, das Wunder der Geburt Christi sichtbar machen zu wollen, teilhaben zu wollen am großen, weltbewegenden Gedanken der Erlösung unserer Welt durch die Menschwerdung Jesu.

Dieser Gedanke, dieses Sehnen vereinigt sich mit dem Ringen um und mit der Formgebung, dem Ringen mit dem Material und der Technik. Erst durch dieses Zusammenspiel von Idee und Form wird die Tätigkeit des Krippenbauens über das reine „Basteln" hinausgehoben. Handwerkliche Techniken gibt es ungezählte, aber nicht einmal etwas so weltweit Verbreitetes, wie z. B. das Töpfern, das Weben oder Malen, hat es zu Vereinen gebracht, die – zusammengeschlossen – Zigtausende Mitglieder zählen, wie es bei den Verbänden der Krippenfreunde tatsächlich der Fall ist. Es ist eben nicht nur die Technik des Krippenbauens, nicht nur die Freude am Gestalterischen, sondern die Hingabe an eine Aufgabe, die den Erlösungsgedanken in den Mittelpunkt des Strebens und Handelns stellt. Man baut die Krippe sozusagen in „höherem Auftrag", um erst mit der Arbeit, dann mit dem Gelingen und schließlich mit Andacht vor dem vollendeten Werk einen ganz persönlichen Anteil an der Lobpreisung Gottes zu vollbringen. Durch die Krippe, vor allem die selbstgebaute, haben wir das heilige Geschehen ständig greifbar vor Augen, künden uns doch Könige und Hirten täglich neu das Wunder der Geburt Christi.

Aber auch abgesehen von diesem tief religiösen Empfinden kann die Krippe, die wir in der Advents- und Weihnachtszeit in unserer Stube aufbauen, unser Leben positiv beeinflussen. Vor ihr zu knien bedeutet, Ruhe und Frieden zu finden im hektischen Getriebe der Welt, eine Pause einzulegen, um zur Besinnung zu kommen. Eine Ruhe und Besinnung, die wir nicht nur für uns allein erleben, sondern die wir mit unseren liebsten Menschen, unserer Familie, teilen wollen. Das ist ein weiteres Wunder an dem Phänomen „Krippe", daß in ihrem Angesicht Familien wieder zueinander finden in gemeinsamem Fühlen und Denken. Kinder werden erzogen zu diesen vorweihnachtlichen, stillen Andachten, und sie geben später die Freude daran wie selbstverständlich weiter. So verbindet die Krippe Generation um Generation und gibt den Alten wie den Jungen das innige Gefühl der Gemeinsamkeit.

Dem Erbauer der Krippe fällt dabei eine ganz besondere Rolle zu. Er ist es, der ihr ganz genaues Aussehen bestimmt hat, als er mit Buchenstöcken, Holzbrettchen, Hammer und Nägeln hantierte und aus einem Haufen Material den Krippenberg, das Krippenfeld, die Grotte oder den Stall geformt hat. Er ist es, der jedes Jahr die Krippe neu aufstellt, in jeder Adventszeit einige leichte Veränderungen anbringt, die die Krippe noch schöner machen. Der Krippenbauer ist eine wichtige Persönlichkeit im vorweihnachtlichen Geschehen der Familie. Meistens ist auch er es, der jung und alt zur Andacht versammelt, die in fröhlicher Weise zusammenklingt mit der Bewunderung für seine Krippe. Je mehr es ihm gelingt, die Freude am Geschaffenen umzusetzen und zu einem Akt der Frömmigkeit zu erheben, desto gelungener ist sein Werk.

Natürlich wird auch das rein Handwerkliche Beachtung bei den Familienangehörigen und Besuchern finden, man wird fachsimpeln mit Kollegen, wie man's im nächsten Jahr noch besser machen kann.

Das Krippenbauen und Aufstellen kann – und das werden uns viele Freunde bestätigen – geradezu zur Leidenschaft werden. Wer einmal eine Krippe gebaut hat, wird sich ziemlich sicher bald an einer zweiten, noch schöneren, noch größeren, versuchen. Ihnen dabei mit guten Ratschlägen an die Hand zu gehen, dafür ist dieses Buch geschrieben worden. Es soll Ihnen die Erfahrungen langjähriger, gedienter Krippenbaumeister vermitteln und so manchen guten Tip, wie Sie sich die Arbeit erleichtern können. Es soll Ihrer Phantasie auf die Sprünge helfen, ohne sie einzuengen. Bedienen Sie sich der Ratschläge, aber seien Sie selbst kreativ. Keine Krippe sollte aussehen wie die andere, jede einzelne sollte *Ihren* Stempel tragen. Verwerten Sie die Eindrücke *Ihrer* unmittelbaren Umgebung; bauen Sie die Häuser *Ihrer* Heimat nach, statt sklavisch unseren Vorschlägen zu folgen.

Wenn es uns mit diesem Buch gelungen ist, die Ihnen eigene Schaffenskraft zu mobilisieren und voll zur Blüte zu bringen, so ist das der schönste Lohn für

Ihre Nenna von Merhart
Walter Spörr
Engelbert Pöschl

Entstehung, Entwicklung und Verbreitung der Krippe

Über das Datum der Entstehung der Krippe wissen wir so gut wie gar nichts. Wie bei fast allem, was zutiefst „volkstümlich" ist, will sagen, aus dem Volke stammt, hat sich auch die Krippe aus verschiedenen Wurzeln entwickelt. Da sind einmal die Mosaiken und Malereien auf italienischem Gebiet, die sich bereits seit dem 2. Jahrhundert des Themas der Geburt Christi angenommen haben. Dieses Thema wurde von anderen Ländern des Mittelmeerraumes aufgegriffen, wobei es aber zunächst bei zweidimensionalen Darstellungen blieb. Sehr viel später erst bemächtigte sich die Plastik des Themas und stellte die Geburtsgruppe in Reliefform mit meist großen Figuren dar. Aus dieser trat nach und nach die heutige Form der Krippe mit beweglichen Figuren heraus, wobei unter „beweglich" ein Verstellen, Verschieben der einzelnen Figuren gemeint ist und nicht ihre innere Beweglichkeit. Das Verstellen, Verschieben der Figuren ist zu einem wichtigen Element der Krippe geworden. Das „Agieren" innerhalb des Krippenraumes erfuhr eine starke Beeinflussung durch die Mysterienspiele, die ja dieselben Figuren aufboten, wie die Krippenbauer es taten. Diese orientierten sich in der Ausprägung der einzelnen Figuren stark am Aussehen der Darsteller kirchlicher Spiele und Prozessionen. So nimmt es nicht wunder, daß die frühen Krippenfiguren groß von Format (oft bis zu 1 Meter und mehr) und meist prächtig gekleidet waren. Ihre Zahl innerhalb des Gesamtaufbaues war gering. Die Krippen dieses Typs standen ausschließlich in Kirchen und Klöstern, wobei von bestimmten Orden wie z. B. den Jesuiten die stärksten Impulse gesetzt wurden. Die feinen Näharbeiten an den Gewändern mit Gold- und Silberstickerei wurden in den Frauenklöstern ausgeführt.

Bis ins 16. Jahrhundert hinein haben wir keine Kunde über das Auftreten von Hauskrippen. Und auch dann setzten sie erst zögernd ein und waren zunächst ein Vorrecht des Adels. Erst im 17. Jahrhundert wurden sie volkstümlich. Der große Durchbruch erfolgte aber einerseits erst nach der Französischen Revolution 1789, andererseits nach den kirchenfeindlichen Erlässen Kaiser Josephs II., also nach 1785, Erlässen, die die Aufstellung von Krippen in Kirchen und Klöstern gänzlich untersagten. Zu dieser Zeit aber hatte sich das Volk bereits so an den frommen Brauch der Krippendarstellungen gewöhnt, daß es nicht mehr darauf verzichten wollte. Man entfernte die Krippen zwar aus der Kirche, stellte sie aber in einem benachbarten Haus oder Hof wieder auf, was von den Obrigkeiten sowohl Frankreichs als auch des Habsburgerreiches nicht im mindesten vorhergesehen war.

Bald erwiesen sich die Figuren der Kirchenkrippen als zu groß für die Bauern- und Bürgerhaushalte, außerdem kam der Wunsch auf, statt der wenigen, lieber mehr Figuren einzusetzen. Man wollte das vollziehen, was Rudolf Berliner, der Altmeister der Krippenkunde, „gefrorenes Theater" nannte. Eine möglichst ausführliche Darstellung der Geburt Christi, die nicht nur die Heilige Familie umfassen sollte, sondern daneben noch das Feld der Hirten und den Aufzug der drei Weisen aus dem Morgenland.

In den Ländern mit großem Wald- und Holzvorrat, wie es z. B. die Alpengebiete und Böhmen waren, und wo die Holzschnitzerei beheimatet war, begann man, wesentlich kleinere Krippenfiguren aus Holz zu schnitzen und diese farbig zu fassen. In manchen Gegenden formte man Figuren aus Ton, die man in fröhlichen Farben bemalte. Die berühmten „Santons" der Provence sind ein gutes Beispiel dafür, oder die „Loammandln" aus Nassereith in Tirol.

Nach dem 17. Jahrhundert kamen Papierkrippen auf, die von erstklassigen Künstlern, aber auch von Laienmalern gemalt und durch Kulissen bereichert wurden. Diese Papierkrippen waren in Relation zu den bis dahin gebräuchlichen Krippen preiswert und erfreuten sich deshalb einer weiten Verbreitung und langen Lebensdauer. Mit Einsetzen der Druckverfahren wurden sie auch gedruckt, was ihren Preis wesentlich ermäßigte. Papierkrippen haben sich bis in unsere Zeit erhalten.

In anderen Ländern wiederum blieb man bei den gekleideten Figuren, wie z. B. in Neapel, das die großartigsten Krippen hervorgebracht hat, die man bis zum heutigen Tag kennt.

Was die, die Figuren umgebende Landschaft und die darin vorhandenen Architekturstücke anbelangt, so setzte ebenfalls am Ende des 18. Jahrhunderts mit der Popularisierung der Krippe eine stürmische Weiterentwicklung ein. Hatte man ursprünglich das heilige Geschehen in eine Landschaft gesetzt, wie man sie in Betlehem vermutete, so packte viele Krippenbauer der Drang, sich selbst vom Aussehen just dieser Landschaft zu überzeugen. Pilgerfahrten ins Heilige Land wurden angetreten, und zurückgekehrt, konnte man das Geschaute in der Krippe verwerten. Nun wußte man aus eigener Anschauung, wie zerborstene Tempel, wie orientalische Grotten, wie die Vegetation im Heiligen Land aussahen. Kirchenmaler, aber auch Kunstmaler malten großartige Hintergründe, in denen der ganze Zauber dieses fernen Landes festgehalten wurde. Krippenbauer schufen orientalische Häuser mit Kuppeln und Bögen, Ziehbrunnen und Zisternen im Miniformat. Die heute noch gebräuchliche orientalische Krippe erhielt ihre schönsten Ausprägungen.

Einige Jahrzehnte später setzte eine Gegenbewegung ein: man verzichtete darauf, das heilige Geschehen inmitten von Zypressen und Palmen anzusiedeln, und das Volk in den Gewändern des Orients agieren zu lassen. Bei den betenden Hirten war es schon früher zum Teil gebräuchlich, sie in der Tracht der jeweiligen Heimat des Krippenbauers zu zeigen. Nun versetzte man das gesamte Geschehen in den heimatlichen Raum. Eine neue Art der Krippe entstand. Plötzlich konnten die Schnitzer, die Krippenbergbauer, die Hintergrundmaler die spezifischen Eigenheiten ihres Landes zeigen, und prächtige, sehr eigenständige Krippen wurden gebaut.

Aber die ruhigen Zeiten waren ein für allemal vorbei. Eine neue, moderne Art des Denkens begann sich breitzumachen, die der barocken Prachtentfaltung nicht nur der kirchlichen Festgestaltung, sondern auch den Fixpunkten der Liturgie wie Weihnachtskrippen, Heiligen Gräbern und Ölbergen feindlich gegenüberstand. Und was man vorher hoch geschätzt und verehrt hatte, trat den Marsch in die Dachböden und Speicher an. So mancher schönen alten Krippe wurde damit der Todesstoß versetzt.

Eine gewisse Belebung erfuhr der Krippengedanke erst wieder durch das Auftreten der Malergruppe der „Nazarener" im 19. Jahrhundert, zumindest in Deutschland. Sie schufen – konform zur spezifischen Art ihrer Malerei – Papierkrippen, die sich bald einer größeren Beliebtheit erfreuten. Das Bekanntwerden dieser nazarenischen Krippen fiel zeitlich ungefähr mit dem Beginn der Serienproduktion von Krippenfiguren in den Fabriken zusammen, in denen schon vorher Devotionalien für die Wallfahrtsorte hergestellt worden waren. Auch die Spielzeugindustrie bemächtigte sich mit Vehemenz des für sie neuen Artikels und in der Folge wurden Krippenfiguren aus Gips, Ton und Papiermaché zu Tausenden auf den Markt geworfen. Billig hergestellt, billig und oft in Heimarbeit bemalt, traten sie ihren Siegeszug an und verdrängten die qualitativ so unendlich bessere handwerklich hergestellte Figur. Auch heute noch tobt dieser Kampf, und es ist ein besonderes Verdienst der Krippenbewegungen in den einzelnen Ländern, den Krippenbauern den Unterschied zwischen letztrangigen industriell gefertigten Produkten und handgearbeiteter Figur deutlich vor Augen zu führen. Heute gibt es diese Verbände in Deutschland, Österreich, Schweiz, Liechtenstein, Südtirol, Italien, Frankreich, Spanien, Portugal und Ungarn und in Übersee in Zaire (Afrika), Argentinien, Brasilien, Chile, Mexiko, Peru, Guatemala, El Salvador, Kolumbien, Costa Rica, Venezuela und in den Vereinigten Staaten. Und überall, wo sich diese Vereine etabliert haben, lebt auch der Krippengedanke weiter und bringt neue Leistungen hervor.

Natürlich waren und sind die Verflechtungen der Ereignisse und Strömungen rund um das Krippengeschehen sehr viel komplexer, als wir es hier äußerst kurz zusammengefaßt haben. Aber wir hoffen, mit diesen kurzen Ausführungen der Geschichte und Geschicke der Krippe doch manche Frage beantwortet zu haben.

Die goldenen Regeln für den Krippenbau

1. Bevor Sie an die Arbeit gehen, bestimmen Sie den Aufstellungsort, das Ausmaß und die Stilart (Höhlen-, orientalische oder heimatliche Krippe).

2. Planen Sie den Bau für eine bestimmte Figurengröße und halten Sie sich dann auch daran.

3. Machen Sie sich eine Skizze über das genaue Aussehen der Krippe. Wo wird das zentrale Geschehen postiert? Bis wohin reicht das Hirtenfeld? Wo werden – speziell bei der orientalischen Krippe – Gebäude aufgebaut?

4. Bevor Sie mit der Arbeit beginnen, legen Sie sich alles Werkzeug und Material zurecht.

5. Beim Krippenbauen wird – abgesehen von einigen wenigen Ausnahmen – stets geleimt und genagelt.

6. Nägel bzw. Nagelköpfe dürfen unter keinen Umständen sichtbar sein. Entweder man zwickt die Köpfe ab, bevor man die Nägel einschlägt, oder man bedeckt die Nagelköpfe mit Mörtelmasse.

7. Bauen Sie stets so, daß an den Gebäuden alles „richtig" erscheint, also z. B. in den verschiedenen Stockwerken die Türen und Fenster, oder: zu einer Tenneneinfahrt führt nicht ein zu schmales Weglein, sondern eine breite Auffahrt usw.

8. Richten Sie sich in den Proportionen nach dem Krippenmeter. Sämtliche Maße müssen genau aufeinander abgestimmt sein.

9. Beachten Sie die Perspektive! Alles, was weiter rückwärts steht, muß kleiner sein als die entsprechenden Gegenstände im Vordergrund.

10. Kitsch ist unter allen Umständen zu vermeiden.

Einige grundsätzliche Überlegungen vor Arbeitsbeginn

Gehen wir einmal davon aus, daß wir miteinander eine „richtige" Krippe bauen wollen, also nicht etwa nur die Liege, den Trog, den Behälter für das Jesuskind, sondern eine Krippenszenerie mit Berg, Hirtenfeld, mit Bäumen und Sträuchern, mit einem Hintergrund, eine Szenerie also, in die wir später die Figuren postieren können.

Aufstellung der Krippe

Eine erste grundsätzliche Überlegung, die wir anstellen müssen, ehe wir ans Bauen einer Krippe herantreten, ist die Frage ihrer Aufstellung. Die in einer Kirche wollen wir einmal ausklammern; wir wollen uns lediglich mit den Hauskrippen befassen. Deren Aussehen wird weitestgehend von den räumlichen Gegebenheiten abhängen, die uns zur Verfügung stehen. Am trefflichsten wird immer der Eindruck jener Krippe sein, die sich am gefälligsten ihrer Umgebung anpaßt. Das kann in der unterschiedlichsten Weise der Fall sein. Es ist durchaus möglich, in eine rustikale Umgebung sowohl eine orientalische als auch eine heimatliche Krippe zu stellen, ebenso wie beide erwähnten Krippenarten sich auch einer modernen Umgebung durchaus anpassen. Nicht zuletzt hängt die eingeschlagene Stilrichtung natürlich auch mit der Frage der Figuren zusammen. Und die sind es, denen unsere zweite Überlegung zu gelten hat.

Krippenfiguren und Krippenmaßstab

Wenn man drangeht, eine Krippe zu planen, muß man sich über eines klarwerden: Entweder man ist im Besitz der entsprechenden Figuren, auf die die Krippe abgestimmt werden soll, oder man baut erst die Krippe und besorgt sich dazu die passenden Figuren. Mancher von uns kommt in die glückliche Lage, schöne Krippenfiguren entweder zu erben, von den Vorfahren zu übernehmen, oder aber er verliebt sich bei einem Schnitzer in dessen Kunstwerke, erwirbt sie und überlegt sich erst dann die Rahmengestaltung. Manch einer von uns ist schon auf diese Weise ins Krippenbauen geradezu „hineingeschlittert".

Für alle unter Ihnen, bei denen der Ausgangspunkt die Figur ist, empfehlen wir unseren Krippenmaßstab, an welchem Sie genau ablesen können, wie sich die Proportionen der Figuren zu denen der einzelnen Krippenbauelemente verhalten sollen. Auch für diejenigen unter Ihnen, die eine Krippe bauen und dann erst auf die Suche nach den Figuren gehen, ist der Krippenmaßstab wichtig. Er ist so wichtig, daß wir ihm und seiner Handhabung ein eigenes Kapitel gewidmet haben, in dem Sie bitte nachschlagen mögen. Grundsätzlich ist jedoch zu sagen: Sie tun sich leichter, wenn Sie folgendes berücksichtigen: Die meisten geschnitzten Figuren sind 10 und 15 cm groß. In kleinerem Format bewegen sich die Kunststofffiguren, die wir allerdings nicht unbedingt empfehlen wollen. Es gibt sie in der Vorweihnachtszeit in Warenhäusern und Spielwarenläden zu kaufen. Ihr Preis ist niedrig, ihr Aussehen oft knapp am Kitsch angesiedelt. Sie haben nur in einem einzigen Punkt ihre Berechtigung: Wenn ein junger Mensch, ein Schüler etwa, sich mit dem Gedanken trägt, sich eine Krippe zu bauen, wird er in den allermeisten Fällen nicht über die genügenden Mittel verfügen, sich handgeschnitzte Figuren zu kaufen. Bevor er aber resigniert und ganz aufs Krippenbauen verzichtet, ist es immer noch besser, er erwirbt Kunststoff-Figuren und stellt sie in der von ihm gebauten Krippe so lange auf, bis er über die genügende Barschaft verfügt, sich wirklich gute Figuren leisten zu können. Er hat allerdings, bevor er zu Serienproduktionen aus Kunststoff greift, immer noch die viel empfehlenswertere Möglichkeit, sich mit Papierfiguren zu behelfen. Diese gibt es in guten Fachgeschäften zu kaufen, oder die einzelnen Krippenvereine vermitteln sie oder doch zumindest die Anschriften, über die man sie erwerben kann. Die Figuren werden auf Pappkarton oder Sperrholz aufgeleimt und dann ausgeschnitten bzw. ausgesägt. Auf den Bögen ist auch vermerkt, wie die Figuren aufzustellen sind, d. h. ob ihre Standvorrichtung schon angebracht ist oder ob sie auf kleine Holzklötzchen aufgeklebt werden müssen. Die Papierfiguren sind von Künstlerhand gemalt und ergeben, sofern ihre Proportionen zu denen des Krippenberges passen, eine gute Wirkung.

Manche von uns werden geschnitzte Figuren besitzen, die meist zwischen 10 und 15, in manchen Fällen auch 18 cm groß sind. Es gibt da einfachere Ausführungen mit nur relativ wenig Figuren, aber auch solche mit großen Schafherden, unzähligen Hirten und großem Gefolge der Könige. Natürlich muß auch auf die Anzahl der Figuren Rücksicht genommen werden bei der Wahl der Größe des Krippenberges. So werden wir kaum einen weitläufigen Krippenberg planen, wenn wir nur gerade über die Geburtsgruppe und einige wenige Hirten verfügen, zu welchen wir keine neue Figuren dazubekommen. Wir werden uns vielmehr auf eine Krippe kleineren Ausmaßes beschränken.

In den seltensten Fällen wird jemand kaschierte oder gekleidete Figuren besitzen und dafür einen Berg planen.

Trotzdem sei auch über diese beiden Arten von Figuren ein Wort verloren. Kaschierte Figuren sind jene, bei denen auf ein Untergestell Bekleidungsstücke aufgeklebt, eben „aufkaschiert", werden. Diese Figuren werden naturgemäß nicht unter 15 cm groß sein. Noch größer, nämlich mindestens 15 cm, sind die gekleideten Figuren. Unter ihnen gibt es prachtvolle Antiquitäten aus früheren Jahrhunderten, üppig gekleidet; die Heiligen Drei Könige reiten auf Kamelen und Elefanten; ihre Gefolgsmänner tragen häufig Musikinstrumente oder reiche Gaben für das Jesuskind. Wenn einem wirklich das Glück widerfährt, eine solche Kostbarkeit in den Besitz zu bekommen, muß man natürlich nicht nur in puncto Größe, sondern auch in der gesamten Ausstattung des Berges darauf Rücksicht nehmen. Man wird, wenn man Besitzer orientalischer Figuren ist, auf jeden Fall auch eine orientalische Krippe bauen, während man eine heimatliche Krippe in Planung nehmen wird, wenn man über ein größeres Gefolge an bäuerlich gekleideten Hirten und Zentralfiguren verfügt. Ähnlich, wenn auch nicht so extrem, verhält es sich bei gekleideten Figuren aus unserer Zeit, auf die auch der Berg abgestimmt werden muß.

Sie sehen aus diesen Überlegungen, wie wichtig es ist, eine Harmonie herzustellen zwischen dem Krippenberg und den Figuren. Diese Harmonie bestimmt letztlich den künstlerischen Eindruck, den die fertige Krippe hinterläßt. Jedenfalls, so viel muß gesagt werden: Eine Krippe ist nur dann fertig und aussagekräftig, wenn sie über die entsprechenden Figuren verfügt. Eine Krippe ohne Figuren ist wie eine Theaterbühne ohne handelnde Personen.

Um das Gesagte noch einmal zusammenzufassen: Wenn wir die entsprechenden Figuren besitzen, so müssen wir uns in den Maßen unserer Krippenaufbauten und deren Details nach ihrer Größe richten. Erwerben wir die Figuren erst, nachdem die Krippe schon gebaut ist, müssen wir sie auf die Maße der Krippenbauten abstimmen.

Ausmaße der Krippe

Ein anderer Gesichtspunkt, der Beachtung finden muß, ist der der *Höhe, Breite* und *Tiefe* der zu bauenden Krippe. Man wird sich also den genauen Aufstellungsort einmal näher anschauen und ihn ausmessen müssen. Nur durch Maßnehmen kann man eine genaue Planung vornehmen, sonst erlebt man hinterher böse Überraschungen. Bei der Fixierung des Standortes sollte uns ein Gedanke leiten: Die Krippe ist ein sakraler Gegenstand, der in einer christlichen Familie zur Advent- und Weihnachtszeit im Mittelpunkt des Familienlebens stehen sollte. Geben Sie also Ihrer Krippe den Ehrenplatz mitten unter Ihnen. Je mehr Ihnen als dem Krippenbauer das gelingt, umso inniger wird Ihr Verhältnis und das Ihrer Familie zur Krippe sein.

Bauen Sie aber – was ja auch oft vorkommt – eine Krippe nicht für sich selbst, sondern für eine liebe Person, so empfiehlt es sich in den meisten Fällen, den zu Beschenkenden von dem Vorhaben zu unterrichten, damit man gemeinsam Aufstellungsort und Maße der Krippe bestimmen kann. Wenn's aber eine Überraschung werden soll, raten wir Ihnen dazu, sie lieber im Format klein ausfallen zu lassen und im Stil so, daß sie sich vermutlich in die Wohnräume des zu Beschenkenden einfügen wird.

Höhe der Aufstellung

Eine weitere Überlegung in bezug auf die Aufstellung der Krippe betrifft die Frage, welche Höhe für ihre Postierung ideal ist. Auf keinen Fall sollte man sie direkt auf den Boden stellen, oder doch nur in Ausnahmefällen, weil der Beschauer ja nicht so sehr den Blick auf Hausdächer – und seien die Schindeln auch noch so liebevoll gehackt – haben möchte, oder von oben in eine Ruine hinein. Er möchte vielmehr in die Grotte, die Höhle, den Stall hineinsehen, möchte den vollen Blick auf die Bauten, die Büsche und Bäume, die Brunnen, die Schafherden und die Figuren haben. Aus jahrelanger Erfahrung hat sich eine bestimmte Aufstellungshöhe ergeben, nämlich zirka 1 m über dem Boden, die als ideal anzusprechen ist. Abweichungen davon kann es natürlich immer geben, nach unten z. B., wenn kleine Kinder im Haus sind, für die die normale Aufstellungshöhe zu hoch ist. Aber ehe man sich für ein „In-die-Tiefe-Gehen" entscheidet, sollte man eines bedenken: natürlich soll den Kleinkindern der Blick aufs Jesulein freigegeben werden, aber es sollte unter allen Umständen vermieden werden, daß die Krippe zu einem Kinderspielplatz wird, an dem willkürlich hantiert werden darf. Wir glauben, daß es sehr wichtig ist, den Kindern schon frühzeitig beizubringen, daß es sich bei der aufgestellten Krippe um etwas Besonderes handelt, das nur zu einer bestimmten Zeit des Jahres in das Familienleben einbezogen wird; um etwas absolut Einzigartiges von hohem religiösem Gehalt; um etwas, das die kindliche Phantasie beflügelt, aber nicht in Richtung „Spielen", sondern in Richtung geistiger Besinnung, der auch kleine Kinder schon ohne weiteres fähig sind. Dazu gehört auch, daß verhindert werden soll, daß die Kinder ihre Spielsachen in die Krippe hineinstellen, vermeintlich, um dem Jesulein eine Freude damit zu machen. Spielsachen, wie z. B. Plastikentchen, die auf einem aus Spiegelscherben hergestellten See schwimmen, sind Kitsch und haben in der Krippe nichts verloren. Erziehen Sie Ihre Kinder in diesem Sinne! Erziehen Sie auch Ihre Haustiere, damit nicht durch sie Schaden an der Krippe entsteht. Wenn Sie Besitzer eines Hundes sind, wird es vielleicht nötig sein, die Krippe etwas höher zu stellen, damit der gute Waldi nicht eines Tages an den kostbaren Figuren knabbert.

Also, wie gesagt, die Höhe der Aufstellung muß gut überlegt werden.

Beleuchtung

Gut überlegt muß auch die Frage der Beleuchtung werden. Steht die Krippe am Tage so, daß man alle ihre Einzelheiten sieht? Und wie ist es mit der künstlichen Beleuchtung? Sollte eine zusätzliche Lichtquelle aufgestellt werden und ist eine Steckdose dafür in der Nähe? Wenn wir planen, in der Höhle, dem Stall, eine kleine Beleuchtung anzubringen, was meist sehr hübsch wirkt und die Festlichkeit erhöht, muß hinter den Bauten Platz für einen kleinen Trafo sein. Bitte vermeiden Sie es aber, in der Krippe „Lichtspiele" abzuhalten mit Lichteffekten in allen Farben des Regenbogens. Kitsch muß unter allen Umständen vermieden werden. Stellen Sie lieber eine schlichte dicke Kerze vor der Krippe auf, die dann entzündet werden sollte, wenn alle Familienmitglieder sich des Abends zur besinnlichen Andacht zusammengefunden haben.

Aber verweilen wir noch ein wenig beim Thema *Kitsch*. Es hängt sehr stark mit der Frage nach der Wahl der zu verwendenden Materialien zusammen. Zumindest ist dort die Gefahr am größten, in die Gefilde des Kitsches abzugleiten. Wer einmal Krippen gesehen hat, die in südlichen Ländern „verbrochen" worden sind, weiß, was wir meinen. Keineswegs wollen wir damit sagen, daß z. B. die Italiener und Franzosen „schlechte" Krippen bauen – es ist nur so, daß romanischer Geschmack und südländische Phantasie leichter dazu verleiten, in der Auswahl der Krippenbaumaterialien öfter einmal danebenzuhauen. So findet man es in Italien durchaus originell, eine Krippe ganz aus Teigwaren zu bauen. Makkaroni bilden den Stall, Spaghetti die Grundfläche und die Figuren sind aus Cannelloni herausgeschnitzt. Nichts gegen unsere Freunde in Italien, aber so weit sollte es denn doch nicht gehen. Kitsch in reinster Form gibt es auch dort, wo Muscheln und Schalentiere zu Krippen vereinigt werden, wo sogar die Figuren aus Muscheln zusammengesetzt sind. Andere Krippen wieder sind aus Tausenden von schillernden Perlen in allen Größen zusammengesetzt – sicher eine riesige Arbeitsleistung, die aber eines besseren Ergebnisses würdig gewesen wäre. Das ist auch der Fall bei all den vielen „Kastenkrippen", bei denen das Heilige Geschehen in Fernseh-

und Rundfunkkästen eingebaut ist. Man könnte diese Aufzählung noch beliebig fortsetzen, und des Kitsches wäre kein Ende.

Welches Material?
Nun erhebt sich folgerichtig die Frage: Welches Material soll nun also wirklich für den Bau einer Krippe verwendet werden? Auf einen kurzen Nenner gebracht, müßte die Antwort lauten: Alles Material, das an gleicher Stelle in der Natur vorkommt, ist das Richtige. Für den Stall also nicht Makkaroni, sondern Holz; für den Krippenberg also nicht eine Anhäufung von Schalentieren, sondern Baumrinden; für die Vegetation also nicht eine Auffädelung von schillernden Perlen, sondern kleine Bäume aus Hirschheiderich usw. Viele Krippenbauer lehnen aus diesem Grund auch das Material ab, das sich seiner guten Schnitzbarkeit wegen fürs Bauen von Mauerwerk eignet – das Styropor. Darüber kann man geteilter Meinung sein. An und für sich ist Styropor ein Material, das in der Natur nicht vorkommt; andererseits aber kann man durch eine geschickte Fassung eine Wirkung hervorrufen, die in nichts einem Mauerwerk nachsteht. Wie gesagt, darüber gehen die Meinungen auseinander. Aber auf das Thema „Styropor" werden wir noch zurückkommen. Etwas anderes freilich ist es bei Krippen, die zur Gänze aus einem bestimmten, in der Natur vorkommenden Material bestehen, wie z. B. dem Ton. Da sind ganz selbstverständlich Architekturteile, Vegetation, Tiere und Menschen aus Ton oder Terrakotta geformt, was einen durchaus fabelhaften Eindruck hervorrufen kann.

Auch auf kunstgewerblichem Sektor gibt es einiges, das durchaus akzeptabel ist, wie z. B. die Krippenfiguren aus Maisblättern oder grobem Rupfen, die oft sehr hübsch sind und sich durchaus in eine heimatliche Landschaft einfügen.

I Wurzelkrippe

II Wurzelkrippe

III Bogenbrücke

IV Modell ländliche Hauswand

V Heimatliche Eckkrippe

VI Wurzelkrippe

VII Heimatliche Krippe mit Papierfiguren

VIII Orientalische Krippe

IX Orientalische Krippe im Bauzustand

Krippenbauer ist man das ganze Jahr

Glauben Sie nicht, Freunde der Krippe, Sie könnten so ohne weiteres an einem beliebigen Tag in der Vorweihnachtszeit mit den Arbeiten an Ihrer Krippe beginnen. Wenn das Ihr Bestreben sein sollte, so wären Sie besser aufgehoben bei den Modellbastlern als bei den Krippenbauern. Was ein richtiger Krippenbauer ist, der ist es das ganze Jahr. Nun brauchen Sie nicht gleich zu erschrecken, wir meinen natürlich nicht, daß Sie 365 Tage im Jahr ununterbrochen tätig sein müssen. Was wir meinen – und es ist ein guter Rat, den wir Ihnen da erteilen, – daß Sie schon früh im Jahr darangehen sollen, an Ihre Krippe zu denken und für sie vorzuplanen. Es gibt verschiedene Vorbereitungen, die man unbedingt in der warmen Jahreszeit treffen sollte, wenn es einem noch Spaß macht, durch Wälder und Auen zu streifen und nach Wurzeln zu suchen, oder im Wald Moos abzugraben. Es sind keine mühseligen Arbeiten, die Sie sich da selbst auferlegen, und wenn es sich bei Ihnen um einen Lebenskünstler handelt, werden Sie ein spezielles Hobby daraus machen und werden ganz in Ihrer neuen Sammelleidenschaft aufgehen. Gewöhnen Sie sich daran, bei Spaziergängen und Wanderungen die Augen offen zu halten und stets ein paar Nylonsäcke mitzuführen, in denen Sie Ihre Beutestücke nach Hause tragen können. Je früher im Jahr Sie damit beginnen, desto größer wird die Auswahl sein, die Ihnen dann zur Verfügung steht, wenn Sie erst einmal richtig mit dem Krippenbauen beginnen.

Wurzelstöcke

Nun, um welche „Beutestücke" handelt es sich? In allererster Linie sind da die Dinge zu nennen, die aus Holz bestehen. Wenn Sie als erstes eine einfache Höhlenkrippe bauen wollen, wird es unerläßlich sein, sich umzutun nach den Holzbrocken, die, zusammengefügt, die Höhle, die Grotte ergeben sollen. Da gibt es ein Material, das alle anderen übertrifft, und das sind die *Wurzelstöcke von Buchen.* Schlendern Sie einmal durch einen Laubwald, dann werden Sie hie und da einen solchen Buchenstock finden. Am idealsten sind solche, die 5 bis 10 Jahre alt sind, das heißt, die dazugehörende Buche ist vor dieser Zeit gefällt worden. Sie werden uns vorhalten, Sie wüßten nicht, woran Sie das erkennen können. Nun, so schwer ist das gar nicht. Das Stockmaterial eines solchen Baumes ist abgestanden, aber nicht morsch. Um es von dem übrigen Wurzelstock loszuschlagen, benötigen Sie Schlegel und Keil und einiges an Kraft. Damen tun sich da ein bißchen schwerer. Schlagen Sie genügend Brocken los, damit Sie etwas Auswahl haben. Das abgestandene Holz hat nicht nur den Vorteil, daß es auf zirka ein Drittel seines ursprünglichen Gewichtes zurückgegangen ist, was sich beim Transportieren Ihrer Krippe angenehm bemerkbar machen wird, sondern seine Bearbeitbarkeit ist auch viel unproblematischer geworden. Eines ist freilich dafür Voraussetzung: Sie müssen die Wurzelstöcke sehr luftig lagern, damit sie gut austrocknen können. Wenn Sie in einer Gegend ohne Laubwald wohnen, dafür dort, wo es Auen gibt, können Sie auch dort nach Wurzelstöcken Ausschau halten. Auch diese sollten abgestorben, aber nicht morsch sein. Mit grünem Holz kann man nicht arbeiten. Für den Bau einer Höhle eignen sich praktisch nur Wurzelstöcke, weil nur diese die entsprechenden knorpelartigen Verformungen aufweisen und auch von der Stärke her entsprechend sind. Mit dünnen Ästen ist Ihnen – zumindest zur Gestaltung der Höhle – wirklich nicht gedient.

Manche von Ihnen werden in einer Gegend wohnen, wo es Lärchen gibt; deren Rinden eignen sich gleichfalls gut für das Formen der Grotte.

Wurzeln

Ein weiteres Sammelobjekt sind die *Wurzeln*, die wir für die Gestaltung der Öl- und Laubbäume benötigen. Praktisch kann man die Wurzeln aller Bäume verwenden, also auch der gewöhnlichen Fichten, wenn sie nur verknorpelt genug sind. Die geeignetsten Wurzeln findet man meist in Windwürfen, wo es zudem auch nicht behördlich untersagt ist, sich mit einem genügenden Vorrat einzudecken. Nur eines bitten wir Sie zu beachten: das Wurzelholz darf nicht zu grün, aber es darf auch nicht total abgestanden sein, weil es sonst die Jahrzehnte, die eine Krippe überdauern soll, nicht überstehen würde. Außerdem würde das Holz, wenn es morsch ist, bei der Bearbeitung splittern. Auch dieses Wurzelholz muß sehr trocken gelagert werden bis zu seiner Verwendung.

Äste

Außer diesen eher sperrigen Holzteilen sollten wir noch *Äste* sammeln, die wir, entweder ganz oder gespalten, für die Zäune unserer Krippe benötigen. Sehr gut dafür geeignet sind die Äste der Haselnußstauden, aber auch die unteren dürren Äste großgewachsener Fichten oder sonstiger Nadelbäume.

Baumrinden

Etwas problematisch sind die *Baumrinden* in ihrer Anwendung beim Krippenbauen. So gut die dicken Rinden der Lärche für die Landschaftsgestaltung und zur Imitation von Ziegeln und Steinen sind, so schwierig ist die Verwendung anderer Rinden, wie z. B. die der Föhre und der meisten anderen Bäume, deren Rinden stark abblättern, oder der Rinden der Fichten, die für die meisten Zwecke zu dünn und höchstens fürs Gelände zu verwenden sind.

Verwittertes Holz

Im Wald oder auf Wiesen werden Sie Ihre Wanderungen das eine oder andere Mal an verwitterten *Zäunen* vorbeiführen, oder zu ebensolchen *Heuhütten*. Schauen Sie sich um, ob Sie nicht einiges Abfallmaterial vom Zaunholz oder von Dachschindeln in Sicherheit bringen können, ohne deshalb gleich zum Dieb zu werden. Gerade solche Abfallstücke können ihrer gräulichen oder bräunlichen Farbe wegen für Ihre zu bauende Krippe zum besonders geschätzten Ausdrucksmittel werden.

Baumbart, Hirschheiderich . . .

In manchen Gegenden mit noch sehr reiner Luft können Sie auch *Baumbart* finden, den Sie zur Gestaltung von Zypressen verwenden können, vorausgesetzt, Sie tragen ihn vorsichtig nach Hause, entwirren ihn, sodaß er möglichst langgestreckt vor Ihnen liegt, und trocknen ihn gut.

Was Sie auch noch im Sommer sammeln sollten, ist das *Heu* für Ihre Krippe. Das gewöhnliche Heu vom Bauern jedoch ist viel zu grob und zu lang; sammeln Sie deshalb das, was beim Schneiden von Parkrasen liegen bleibt; es ist zart und fein.

Einige andere Sachen, die wir fürs Krippenbauen benötigen, können wir erst im *Herbst* sammeln, so z. B. die zum Präparieren vorgesehenen *holzigen Pflanzen*, deren Saft bereits zurückgegangen sein muß. Wir meinen da die verschiedenen *Zypressen und Koniferenarten*, den *japanischen Wacholder, Gartenthymian* usw., die wir in vielen Gärten vorfinden und die wir als Nadelbäume verwenden werden. Das Schönste freilich finden wir nicht im Garten, sondern hoch oben im Gebirge mit Urgestein, und zwar ist das der *Hirschheiderich*, auch Gamsheiderich oder Alpenazalee genannt. Diese kleine Pflanze wächst über Steine und wirkt, heruntergelöst, wie ein Minibäumchen oder ein Bonsai mit einem dünnen Stamm und winzigkleinen Blättchen. Diese Pflanze ist immer das Reizendste für die Gestaltung der Laubbäume, aber leider ist sie nur für wenige Krippenbauer erreichbar.

Moos

Für alle erreichbar aber ist *Moos,* das wir dringend benötigen, und zwar in verschiedenen Arten. Einmal brauchen wir das Steinmoos, das auf Steinen aufliegt, in kleinen Platten abzuheben und sehr dünn ist. Dieses Moos verwenden wir so, wie es ist. Vom anderen, dem etwas höheren gewöhnlichen Waldmoos schneiden wir gleich an Ort und Stelle mit der Schere die „Köpfe" ab. Wir tun das deshalb, um uns den Transport riesiger Mengen von Moos zu ersparen, die – weiterverarbeitet – nur eine Handvoll Streumaterial ergeben. Und außerdem lassen wir den Schmutz gleich draußen. Also, wie gesagt, wir schneiden das Oberste der Moosplatten ab, trocknen es daheim im Dunkeln (sehr wichtig!) und wiegen es mit dem Wiegemesser fein auf. Manche Krippenbauer verwenden auch die modernen elektrischen Kaffeemühlen dafür. Das Streumaterial sollte aber nicht zu fein, keinesfalls pulverartig sein.

Lärchennadeln

Als Strohimitation eignen sich gut die abgefallenen braunen *Lärchennadeln,* die man im Herbst förmlich „zusammenkehren" kann.

Sand

Das ganze Jahr über kann *Sand* gesammelt werden, den wir als Streumaterial für unsere Wege brauchen. Er kann entweder grau oder rötlich sein, je nachdem, wie er zur übrigen Farbgebung paßt. Wir finden ihn an Wanderwegen oder auch am Flußbett zwischen den Steinen. Die Sandstrandanbeter unter uns werden sich einige Handvoll davon vom Meer mitbringen.

Was benötigen wir an Material und Werkzeug?

Das Material, das wir uns zum Bau unserer Krippe bereitlegen müssen, hängt natürlich stark mit unseren Vorstellungen von ihrem Aussehen in fertigem Zustand ab. So sind die Fragen wichtig: Wie groß soll die Krippe werden und um welchen Typ soll es sich handeln? Es ist durchaus einleuchtend, daß man für eine großformatige Darstellung mit großen Figuren ein anderes Material, also stärkere Kanthölzer, stärkere Faserplatten usw., benötigt als für eine kleine, eher zierliche Ausführung, für welche auch das Material eher „zierlich" sein muß.

Auch die zweite Überlegung, nämlich die nach dem Typus der Krippe, ist von großer Bedeutung. Für eine Höhlenkrippe brauchen wir z. B. Wurzelstöcke, auf die wir bei der heimatlichen Krippe verzichten können. Für diese brauchen wir dafür mehr Brettermaterial, aus dem wir die Ställe, Stadel und Häuser bauen. Für den orientalischen Typ werden wir etwas an Styropor und Weichfaserplatten besorgen müssen, aus dem wir z. B. die Kuppeln schneiden können.

Es wird also durchaus angebracht sein, zuerst einmal allerlei Überlegungen anzustellen, ehe man ans Sammeln, Einkaufen und Bereitstellen des Materials herantritt. Im Groben aber wollen wir Ihnen hier eine Auflistung der Dinge bieten, die Sie mit ziemlicher Sicherheit benötigen werden.

Für die Grundplatte werden Sie Spanplatten von 10 bis 15 mm Stärke oder ebensolche Bretter brauchen in der Größe, die Ihre Krippe in fertigem Zustand haben soll. Ansonsten werden Sie Weichfaserplatten, 8 bis 15 mm stark, Brettchen von 2 mm Stärke (Obstkisten) und Kantholz von 20 bis 30 mm Stärke benötigen, wenn Sie eine heimatliche Krippe bauen, wobei alle angegebenen Maße natürlich geringer sein

müssen, wenn Sie kleinere Figuren aufstellen wollen. Für den Bau einer Höhlen- oder orientalischen Krippe sollten Sie einiges an Wurzelstöcken, Wurzeln, Rindern, Ästen usw. bereitstellen, eventuell auch ein Stück feinmaschiges sogenanntes „Hasengitter", wie man es zum Verschließen von Hasen- und Kaninchenställen verwendet. Für orientalische Krippen brauchen wir ferner Fliegengitter oder Streckmetallgitter, wie sie für Heizkörperverkleidungen benötigt werden, für die Fenster der Häuser. Für die Fenster der Häuschen der heimatlichen Krippe sollten Sie sich kleine Abfälle von Plastikfolien oder Plexiglas besorgen. Was wir für alle Krippenarten benötigen, das sind Nägel in den verschiedensten Größen und Stärken.

Bitte besorgen Sie sich Tischler- oder Kaltleim, eventuell auch Perlleim, weiße Dispersionsfarbe, Grundkreide, Sägemehl bzw. Schleifmehl, wie es beim Tischler als Abfallprodukt bei der Bandschleifmaschine anfällt. Zum Fassen schließlich benötigen Sie einiges an Kreidepulverfarben, über die wir im entsprechenden Kapitel ausführlich sprechen werden. Auch über das Streumaterial hören Sie im danach benannten Kapitel. Nur so viel sei hier kurz angemerkt, daß Sie über Moos und Sand verfügen sollten.

Werkzeug

Was nun das Werkzeug anbelangt, so werden Sie das meiste davon in Ihrem Haushalt vorfinden. Was Ihnen fehlt, können Sie möglicherweise ausleihen bei einem Bastler oder Do-it-yourself-Tischler.

Wichtig zum Bauen eines Krippenberges sind: Hammer, Beißzange, Fuchsschwanz, Feile, Raspel, Stemmeisen (1 cm breit), ein altes, gut schneidendes Messer, Bohrer, Metermaß, Bleistift, Buntmetallsäge für

Leisten- und Brettchenschnitte, ein Spachtel (zirka 4–5 cm breit), ein doppelseitiger Stukkateurspachtel (1–3 cm breit) zum Verputzen, ein Pinsel (am besten eignen sich Heizkörperpinsel) zum Grundieren, ein Pinsel, $\frac{1}{2}$–1 cm breit, zwei oder drei kleinere nicht zu feinborstige Pinsel zum Fassen, ein weicher Schwamm.

Für etwas fortgeschrittenere Krippenbauer wird vielleicht noch ein Schnitzeisen von Wichtigkeit sein.

Natürlich gibt es noch eine große Reihe anderer Werkzeuge, die Ihnen die Arbeit erleichtern, wie z. B. Schraubstöcke und Schraubzwingen, Modellbauhobel oder all die vielen anderen Behelfe, die elektrisch betrieben werden wie z. B. feine Sägen oder Schleifvorrichtungen. Wenn Sie erst einmal bei der Arbeit sind, werden Sie selbst feststellen, wie Sie sich Erleichterungen schaffen können.

Graphischer Krippenmeter
Zeichnen der graphischen Darstellung und ihre Anwendung in der Praxis

Auf einem Millimeterpapier tragen wir eine senkrechte und eine waagrechte Linie auf, welche vom Punkt 0 (0.00) ausgehen.

Die waagrechte Linie teilen wir uns im Maßstab 1:10 in Dezimeter. Diese Linie stellt uns den Normalmeter (NM) dar.

Die senkrechte Linie teilen wir im Maßstab 1:1 in Zentimeter. Das ergibt für uns den sogenannten Krippenmeter (KM).

Für die graphische Darstellung des Krippenmeters legen wir eine durchschnittliche Menschengröße von 1.70 m zugrunde. Auf der Waagrechten (NM) wird bei 1.70 eine Senkrechte gezogen.

Um ein Größenmaß für die jeweilige Figur zu erhalten, zeichnen wir uns eine waagrechte Linie im gewünschten Figurenmaß (in der Musterzeichnung sind die Maße von 8, 10 und 12 cm eingezeichnet), und erhalten den Schnittpunkt (S). Nun zeichnen wir uns eine Leitlinie (L) vom Punkt 0 durch den Schnittpunkt (S) und erhalten dadurch den Krippenmaßstab.

Mit Hilfe dieser Leitlinie kann das Krippenmaß der einzelnen Naturmaße zur vorgegebenen Figurengröße abgelesen werden.

Ein Beispiel: Wir haben eine Leitlinie (L) für 10-cm-Figuren gezogen. Auf der Waagrechten (NM) wird bei 1.20 m (Fensterhöhe) eine Senkrechte bis zum Einschnitt in die Leitlinie (L) gezogen. Von diesem Einschnitt wird eine Waagrechte zum Krippenmeter (KM) geführt, und wir erhalten ein Krippenmaß von 7 cm. Allerdings ist es immer wichtig, die Originalmaße zu wissen.

Für größere Maßeinheiten, 3 m und mehr, fertigen wir uns einen Krippenmeter, statt 1:10 und 1:1, einen neuen im Maßstab 1:100 und 1:10.

Die gezeichneten Nomogramme können durch Veränderung der Leitlinie (L) selbstverständlich auf jede beliebige Figurengröße abgeändert werden.

Zur besseren Erklärung noch einige Beispiele für z. B. 10-cm-Figuren:

NM eines Stuhles,	0.46 m	KM	2.6 cm
NM eines Tisches,	0.78 m	KM	4.5 cm
NM eines Fenstersimses,	1.00 m	KM	5.9 cm
NM einer Türe,	2.00 m	KM	11.8 cm
NM einer Türbreite,	0.85 m	KM	5.0 cm

Graphischer Krippenmeter (leicht verkleinert)

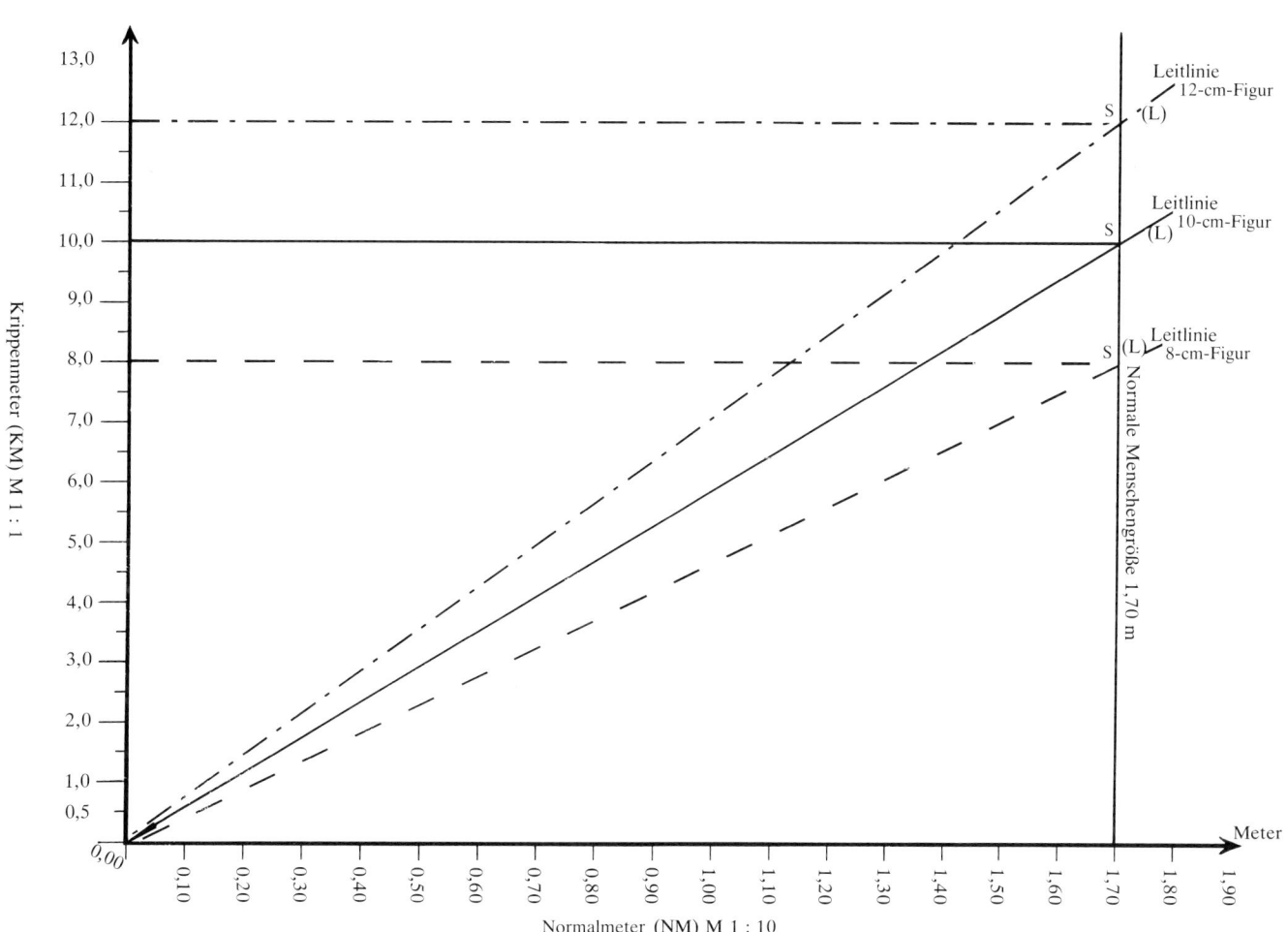

31

Das Grundbrett

Bevor man das Grundbrett zuschneidet, muß die Entscheidung gefallen sein, an welcher Stelle man die fertige Krippe aufstellen möchte, ob an einer geraden Wand oder in einer Ecke. Auch die Größe der Krippe muß bereits festgelegt sein, die sich – wie wir in früheren Kapiteln gehört haben – nach den vorhandenen Figuren zu richten hat.

Die ersten Vorbereitungsarbeiten am Grundbrett sind die gleichen, ob es sich um eine Höhlen-, eine orientalische oder eine heimatliche Krippe handelt.

Das Grundbrett sollte in jedem Fall das Gelände schon vorbereiten, das später durch Auflegen von Rinden, Hasengitter usw. noch weiter ausgeformt wird. Dazu wird man es in verschiedene Podeste gliedern, deren Fluchtlinien sich überschneiden können (siehe Abb. 1).

Damit die fertige Krippe nicht allzu schwer und damit untransportierbar wird, muß man schon beim Grundbrett darauf achten, daß das verwendete Material möglichst leicht ist. So wird man eher mit Brettern arbeiten als mit Homogenplatten. In beiden Fällen hängt deren Stärke von der Größe der Platte und ihrer Spannweite ab. Die Stärke von 1 cm ist auf jeden Fall empfehlenswert. Weichfaserplatten sind zu nachgiebig und eignen sich deshalb nicht fürs Grundbrett.

Um ein Verziehen der Homogenplatten zu verhindern bzw. bei Verwendung von Brettern deren Zusammenfügen zu bewirken, werden auf der Unterseite Leisten aufgeleimt und genagelt. Die Stärke der Leisten ergibt sich aus der Größe des Grundbrettes. Bei einem Grundbrett von 60 : 80 cm sollten die Leisten ca. 2 bis 2½ cm haben. Der Abstand der einzelnen Leisten sollte nicht mehr als 25 bis 30 cm betragen. Ist die Krippe für eine Ecke bestimmt und deshalb vorn abgerundet, nagelt man breitere Leisten unter, die man dem Grundbrett und seiner vorderen Rundung entsprechend zuschneidet.

Je nach endgültigem Standort der Krippe sollte man auch daran denken, an der Unterseite eine Filzauflage anzubringen, damit nicht durch die ungeschützten Leisten Möbelstücke beschädigt werden.

Da das Gelände der fertigen Krippe nach hinten ansteigen soll, wird auf das Grundbrett ein zweites, möglicherweise auch drittes Podest aufgesetzt. Die Fläche des zweiten Podestes soll ca. zwei Drittel der Tiefe der Grundplatte betragen. Je nach Größe der Figuren soll das Podest 2 bis 6 cm erhöht werden.

Ist die Grundplatte mit Podest fertig, können wir mit einigen Strichen den Grundriß für Grotte, Ruine, Stadt usw. aufreißen.

1 Grundbrett mit verschiedenen Höhen

Herstellung des Krippenmörtels, der Verstreich- und Steinchenmasse

Die drei im Titel genannten Massen verwendet man zum Abdichten der Fugen, zum Verstreichen, für den Gelände- und Hausverputz und zur Herstellung von Steinchen. Die Massen sind untereinander sehr ähnlich; sie unterscheiden sich nur durch ihren Gehalt an Schleif- bzw. Sägemehl.

Grundrezept des Krippenmörtels
Man kann ihn auf zweierlei Art herstellen: mit Perlleim oder mit Kaltleim.

1. Herstellung mit Perlleim:
Als Grundmaß verwenden wir eine Konservendose, die 1 kg faßt. 500 bis 600 g Grundkreide (Schlemmkreide) = $\frac{1}{2}$ bis $\frac{3}{4}$ einer 1-kg-Dose, $\frac{1}{8}$ l aufgekochten Perlleim und $\frac{1}{4}$ l heißes Wasser werden zur Grundkreide beigegeben und knollenfrei mit einer Spachtel vermischt. Dann gibt man nach und nach Sägemehl dazu, bis eine streichfähige, aber ja nicht zu dünnflüssige Masse erreicht ist. Für den Bau von orientalischen Gebäuden sieben wir das Sägemehl sehr fein, da es im Orient keinen Rauhputz gibt. Für heimatliche Krippen sollte das Sägemehl gröber sein.
Die Masse soll so dickflüssig sein, daß sie sich mit dem Stukkaturspachtel auftragen und mit den Fingern verstreichen läßt. Ist sie nicht mehr streichfähig, stellt man das Gefäß ins Wasserbad.

2. Herstellung mit Kaltleim:
Dieser wird so stark verdünnt, daß er wie sahnige Milch ist. Kaltleim ist an sich leichter zu verwenden, da auf das Warmhalten im Wasserbad verzichtet werden kann, er hat aber den Nachteil, daß bei einer Temperatur unter der normalen Zimmertemperatur die Trockenzeit 2 bis 3 Tage dauert. Man kann, wenn eine Arbeit sehr eilig ausgeführt werden muß, auch Expreßleim verwenden.

Es gibt noch eine andere Möglichkeit, nämlich
3. die Verwendung von „Moltofill außen". Dieses kann vor allem dann angewandt werden, wenn es sich nicht um allzu große Flächen handelt. Der Vorteil dieser gipsähnlichen Masse besteht darin, daß sie rasch trocknet; ihr Nachteil ist ihr relativ hoher Preis. Man kann freilich, um diese Tatsache etwas zu umgehen, etwas Sägemehl untermischen, was die Masse streckt.
Ferner gibt es im Bauwarenhandel verschiedene Materialien, die am Bau zum Verputzen dienen. Sie aufzuführen ist unmöglich, da im Angebot große regionale Unterschiede bestehen.

Fehlerquellen beim Mörtel

Wenn der Mörtel bröselig ist, ist der Kreideanteil zu niedrig. Sollten im Putz unerwünschte Risse entstehen, so wurde entweder der Leim zu stark konzentriert oder der Putz wurde zu dick aufgetragen.

Grundrezept der Verstreichmasse
(Masse für Berge und Gelände)

Die Verstreichmasse wird nach dem selben Rezept angemacht wie der Krippenmörtel, nur wird statt Sägemehl Schleifmehl beigemischt. Dieses ist der Abfall von der Bandschleifmaschine der Tischler. Die Verstreichmasse soll die Konsistenz eines dünnflüssigen Teiges haben. Auch diese Masse trägt man mit dem Stukkaturspachtel auf und verstreicht mit den Fingern. Eventuell kann man mit einem feuchten (nicht nassen!) Borstenpinsel nacharbeiten. Strukturen von Rinden und Wurzeln werden nicht bestrichen, sondern nur die Lücken dazwischen ausgefüllt.

Herstellung der Steinchenmasse

Um die Steinchenmasse herzustellen, fügen wir der Verstreichmasse so viel Schleifmehl zu, bis die Masse wie Keksteig geknetet werden kann. Wichtig ist, daß gut durchgeknetet wird. Aus dieser Masse können wir kleinere oder größere Steinchen formen, die man mit Kaltleim auf die Mauern klebt. Beachten Sie bitte, daß Sie nicht den Fehler mancher Krippenbauer machen, die beim Formen der Steinchen auf die allgemeinen Proportionen vergessen und zudem alle Steinchen gleichmäßig machen.

Höhle aus Lärchenrinden

Höhle aus Buchenstöcken

Höhle aus Buchenstöcken

Höhle aus Buchenstöcken

34

Bau einer Höhlen- oder Wurzelkrippe

Die Höhlen- oder Wurzelkrippe ist von den drei gängigen Krippenarten diejenige, die am leichtesten nachzuvollziehen ist, weshalb sie vor allem von Leuten, die nicht über ein allzu großes Maß an Zeit und Talent verfügen, gerne gebaut wird. Ein weiterer Vorteil liegt darin, daß man mit einem Minimum an Material auskommt. Bei diesem wird es sich, soweit vorhanden, um die Stöcke von Buchen handeln, die beim Grottenbau immer noch das Nonplusultra darstellen, oder um die Rinden von Lärche und Föhre. Sind auch diese nicht aufzutreiben, kann man auf Hasengitter ausweichen, über welches wir auch noch ausführlich sprechen werden. Auf jeden Fall benötigt man ein Material, mit dem man gut plastisch arbeiten kann.

Wenn man eine Höhlenkrippe in Angriff nimmt, kann man sich entweder selbst eine kleine Skizze machen, oder man kann auf bereits vorhandene Entwürfe zurückgreifen. Um Ihrer Fantasie auf die Sprünge zu helfen, geben wir Ihnen auf den folgenden Seiten einiges an Anregungen in Form von Entwürfen und Zeichnungen.

Ausschlaggebend für die Größe der zu planenden und zu bauenden Höhle bzw. Grotte ist die Größe der vorhandenen Figuren. Im allgemeinen gilt die Faustregel, daß man für die Höhe der Grotte 1½mal die Figurengröße rechnet. Tiefe und Breite muß so berechnet sein, daß die Geburtsgruppe, Ochs und Esel und eventuell ein Engel darin Platz finden.

Grotte mit Wurzelstöcken

Im Kapitel „Krippenbauer ist man das ganze Jahr" haben wir uns mit den verschiedenen Wurzelstöcken und ihrer Gewinnung auseinandergesetzt. So können wir nun davon ausgehen, daß Sie über eine gebührende Anzahl davon verfügen. Wenn Sie Glück haben, finden sich Wurzelstöcke darunter, die sowohl von der Größe als auch von der Biegung her für die Seiten- und Rückwände der Höhle verwendbar sind. Achten Sie aber bitte auf jeden Fall darauf, daß die Stöcke weder zu grün noch schon morsch sind. Eines wie das andere ist von Übel.

Die einzelnen Stücke werden so zusammengesetzt, daß sie eine Höhle bilden (siehe Abb. 2). Das geschieht mit Leim oder mit Hilfe von Nägeln.

Hier an dieser Stelle sei noch etwas Grundsätzliches über den *Leim* gesagt. Früher hat man so gut wie alle Arbeiten, vor allem an größeren Krippenteilen, mit Perlleim ausgeführt. Dieser hatte den Nachteil, daß er sich nach einiger Zeit zersetzte und dann einen üblen Geruch verbreitete. Zudem mußte man ihn im Wasserbad ständig in bestimmter Temperatur halten, um seine Klebefähigkeit zu gewährleisten. Heute macht man so gut wie alles mit Weiß- oder Tischlerleim, wenn etwas extrem rasch trocknen soll, auch mit Expreßleim.

Auch zum *Nageln der Wurzelstöcke* muß noch etwas erwähnt werden. Wir zerteilen die Stöcke mit der Axt, was eine natürliche, sehr grobe Struktur verursacht. Das Zusammennageln der einzelnen Stöcke ohne Hilfestellung ist fast unmöglich, weshalb wir mit einem Metallbohrer vorbohren. Die Wurzelstöcke werden so bearbeitet, daß sie am unteren Ende eben und flach sind, damit man sie gut am Grundbrett befestigen kann. Wir achten darauf, daß die Stöcke plan auf dem Grundbrett aufliegen, zeichnen die Umrisse dieser Flächen auf das Holz und bohren auf jeder Seite 1 oder 2 Löcher in die Bodenplatte. Durch diese treibt man von der Rückseite her die Schrauben, die die Wurzelbögen festhalten.

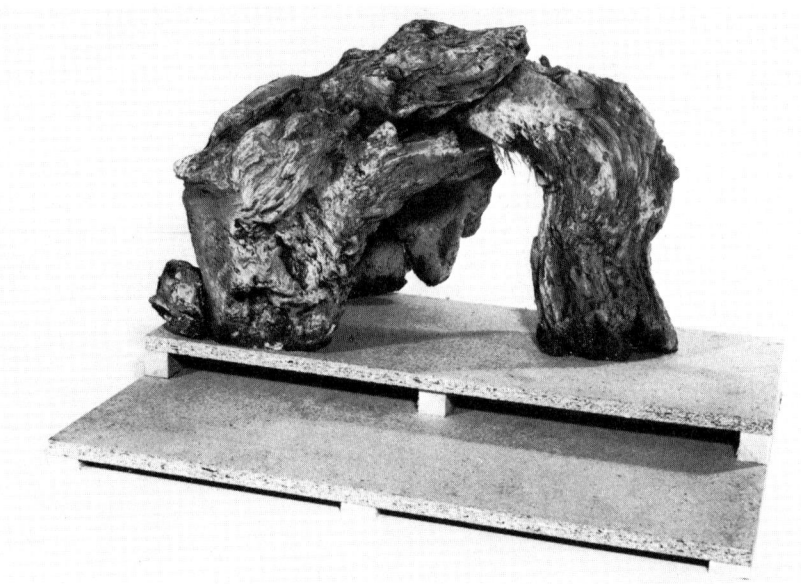

36

4
*Angefertigtes Gelände
mit verkitteten Fugen*

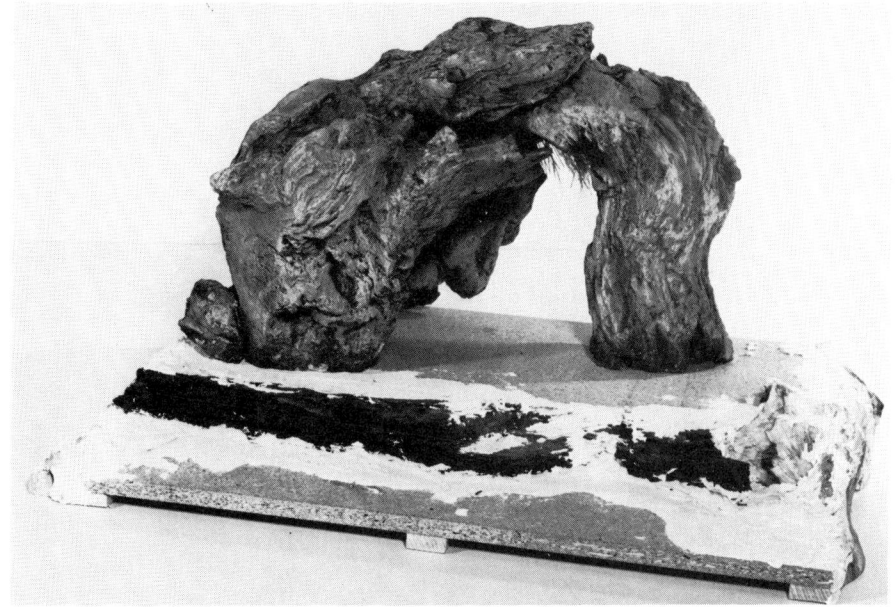

5
*Gefaßte (bemalte)
Wurzelkrippe*

6
Fertig ausgeschmückte
Wurzelkrippe

7
Fertige Wurzelkrippe,
Wurzeln naturbelassen

8   Gelände – grundierte Wurzelkrippe, Wurzel für Grotte naturbelassen

Haben wir jedoch auf dem Grundbrett das erste Podest schon befestigt, ist dieses Von-hinten-Arbeiten nicht mehr möglich. Dann muß man mit längeren Nägeln arbeiten, die man, nachdem man vorgebohrt hat, schräg einschlägt. Besonders bei den beiden vorderen Stöcken, die den Höhleneingang bilden, ist die Stabilität von großer Wichtigkeit.

Größere Abstände innerhalb der Wurzelstöcke füllen wir mit kleineren Brocken aus, die wir hineinleimen bzw. -nageln. Kleinere Löcher und Ritzen kleiden wir mit der Verstreichmasse aus. Die Rezeptur ersehen Sie aus dem entsprechenden Kapitel.

Das Kuppeldach der Höhle muß sich der Höhe der Seitenteile anpassen. Auch die Stärke der Höhlenkuppel muß den übrigen Proportionen angepaßt sein. Wichtig ist etwas: Höhlenkuppel wie auch Seiten- und Rückwände müssen möglichst dicht sein. Die Verstreichmasse streicht man mit den Fingern so in die Spalten der Wurzelstöcke, daß gute Übergänge entstehen, aber doch nicht so dick, daß die Struktur des Holzes verwischt wird. Man kittet die Fugen der Grotte von außen und von innen. Nun muß das Ganze aussehen wie ein einziger Felsen. Besonderes Augenmerk legt man auf die Nagelkuppen, die von Mörtelmasse bedeckt sein müssen, da sie sonst nach dem Grundieren Rostflecken auf der Krippe bilden. In getrocknetem Zustand ist die Grotte hart wie Stein (siehe Abb. 3 bis 8 und Farbbild II).

Grotte aus Hasengitter

Es gibt noch eine andere Methode, eine Höhle zu bauen. Diese wird besonders in Gebieten Interesse finden, in denen absolut keine Wurzelstöcke aufzutreiben sind und eine gewisse Abneigung gegen die Verwendung von Styropor besteht, bzw. für größere Krippen, um Gewicht zu sparen. Es handelt sich um die Grotte aus verkleidetem *Hasengitter*. (Dieses Material heißt so, weil man es zur Verkleidung von Hasen- und Kaninchenställen benützt.) Am geeignetsten ist das ganz feine Drahtgitterwerk mit ca. 10 bis 15 mm Maschenweite.

Wir besorgen uns eine größere Menge dieses sehr preiswerten Materials und formen in zweifacher Ausfertigung eine Art Grotte – einmal etwas größer für außen, kleiner für innen. Die Oberfläche sollte möglichst uneben sein, da sie ja in fertigem Zustand Felsen vortäuschen soll.

Die beiden bogenähnlichen Grottenteile setzt man ineinander und klammert oder nagelt die Ränder auf der Grundplatte auf, und zwar so, daß die Höhle vorn offen und frei zugänglich ist. Den Zwischenraum zwischen äußerem und innerem Geflecht füllt man aus, je nach Vorhandensein mit Weichholzstückchen, Holzstückchen oder einfach zerknülltem Zeitungspapier.

Sodann rührt man sich eine Masse an aus Grundkreide, Leim und Schleifmehl, die so dünn sein muß wie ein dünnes Mus, also noch rinnfähig. In diese Masse gibt man möglichst klein zerrissenes Packpapier, das man gut darin einweicht. Mit dieser Art Papiermaché bekleistert man die Höhle von innen und außen. Wenn Ihnen die Struktur zuwenig felsenähnlich erscheint, können Sie dem abhelfen, indem Sie etwa vorhandene kleinere Rinden- oder Wurzelstücke felsnasenartig aufsetzen.

Sie können statt des beschriebenen Papiermachés auch „Moltofill außen" verwenden, aus dem Sie einen dünnen Brei herstellen und damit den Höhlenaufbau bestreichen. Wie wir schon gehört haben, hat dieses spezielle Moltofill den Vorteil, daß es rascher trocknet als Papiermaché und viel härter wird als dieses. Dafür hat es den Nachteil des höheren Preises.

Bau einer orientalischen Krippe

Der orientalische Krippenberg war nach früherer Auffassung die natürliche Umrahmung der Geburt Christi. Es ist daher verständlich, daß der Großteil der alten Krippen im orientalischen Stil gebaut wurde.

Um eine orientalische Krippe zu gestalten, haben wir viele Möglichkeiten, doch sollte die Grotte, die Ruine, der Stall, der Tempel mit der Geburtsgruppe immer speziell im Blickpunkt sein. Es ist nicht nötig, das heilige Geschehen genau in der Mitte zu postieren, ebenso gut kann es nach der Seite versetzt sein. Aber die Wege sollen auf jeden Fall dorthin führen, so wie man auch darauf Bedacht nehmen sollte, die Figuren so zu postieren, daß sie zur Zentralgruppe hin orientiert sind.

Für das Grundbrett der orientalischen Krippe gilt dasselbe wie für das der Höhlenkrippe. Bitte schlagen Sie nach im Kapitel „Das Grundbrett". Auch die Rezepturen der einzelnen Mörtel-, Verstreich- und Steinchenmassen bitten wir dem entsprechenden Kapitel zu entnehmen. Die orientalische Krippe kann zum Teil sehr wohl auch eine Höhlenkrippe sein, auch hier gelten deren Anleitungen. Was aber die orientalische von der Höhlenkrippe unterscheidet, das sind die Bauten. Es kann sich dabei handeln um verschiedene Arten von Türmen, Stadttoren, Häusern und Hausteilen, Tempeln und Tempelteilen und die verschiedenen Ruinen. Grotte und Architekturteile sind meist aneinander gebaut oder zwecks Abstützung der einzelnen Gebäude durch eine Mauer oder einen Bogen miteinander verbunden.

Apropos „Bogen": es wäre ein arger Stilbruch, an Fenster- und Türöffnungen gotische Spitzbögen anzubringen. Bleiben Sie lieber bei den bewährten Rundbogen.

Wenn wir eine orientalische Krippe bauen wollen, in die, was sehr oft der Fall ist, eine Grotte, eine Höhle integriert ist, sollten wir zunächst im entsprechenden Kapitel nachschlagen, um uns dort die nötigen Informationen zu holen.

Das Zentrum der orientalischen Krippe kann entweder eine echte Höhle sein oder eine solche, die nur zu einem Teil ein grottenartiges Aussehen hat, daneben aber noch ein Bogenmauerwerk aufweist. Das heilige Geschehen kann aber ebenso gut in einem Tempel oder einer Tempelruine postiert werden.

9 *Einfacher Rundturm*

Bei den orientalischen Krippen kommt den *Türmen* eine ziemliche Bedeutung zu, weshalb wir auch mit diesen beginnen wollen.

Bau eines Turms

Der einfachste ist der *runde Turm,* den wir in der Abb. 9 zeigen. Wir benötigen dafür ein Stück einer Papprolle mit genügend großem Durchmesser. Bei dessen Größenbestimmung sollte man bedenken, daß sich theoretisch in diesem Turm eine Wendeltreppe befindet, über welche die Figuren hinaufkommen sollten. Ist der Turm im Durchmesser zu schmal, würde man dafür einen Flaschenzug benötigen. Die Papprolle besorgen Sie sich vom Bodenleger oder Teppichhändler. Für die Ausgestaltung der Ziegel verwenden wir entweder starken Filz (alte Hüte), starkes Leder (z. B. Kalbsleder), starken Karton, Stücke von Lärchenrinde oder Styropor. Jedes der angegebenen Materialien hat seine bestimmten Vor- und Nachteile, die wir Ihnen nicht verschweigen wollen. Filz, Leder und Karton haben den Vorteil, daß man sie mit der Schere zurechtschneiden kann. Sie werden leicht gebogen, damit sie sich der Rundung gut anpassen.

Dekorativer freilich wirken die Ziegel, die man aus Lärchenrinden schnitzt. Eine dünne Schwarte dieser Rinde wird in zirka 8 bis 10 mm (für zirka 10- bis 12-cm-Figuren) breite Streifen geschnitten und quer unterteilt. Jedes Rindenstückchen wird mit dem Messer an allen vier Kanten gebrochen. Man richtet sich so viele Ziegel her, wie man vermutlich benötigen wird. Ähnlich verfährt man mit den Ziegeln aus Styropor.

Styropor ist wie die Dispersionsfarbe eine der wenigen Massen, die im Krippenbau nicht orthodox, also nicht althergebracht sind. Es gibt deshalb viele Krippenbauer, die dieses relativ neuartige Material ablehnen. Wir aber sind der Meinung, daß seine Vorzüge den Nachteil überwiegen, daß nicht schon vor Hun-

derten von Jahren damit gebaut worden ist. Allerdings ist zu beachten: Styropor ist nicht gleich Styropor. Verwenden Sie stets nur Hartstyropor, das es in Platten von 50 : 100 cm zu kaufen gibt. Hartstyropor hat eine gleichmäßige, speckige Konsistenz, während andere Arten körnig und bröselig sind. Es ist überaus leicht zu schnitzen. Man kann mit diesem Material nicht nur Ziegel machen, sondern ganze Mauern, Säulen, Fenster- und Türumrandungen usw. Ja, in Gegenden, in denen absolut keine Wurzelstöcke aufzutreiben sind, wie z. B. in den Großstädten, können sich die Krippenbauer eines großen Styroporblocks bedienen, um daraus eine Grotte zu formen, oder diese aus mehreren Styroporbrocken zusammenfügen. Styropor hat zudem den Vorteil, daß es sich gut farblich fassen läßt, sodaß es wie Mauerwerk, Ziegel, Stein, Felsen usw. ausschaut.

Für unseren Turm schneiden wir uns die benötigte Anzahl an Styroporziegeln zurecht, mit Absicht nicht ganz gleichmäßig in der Form, und brechen alle Kanten.

Den doppelten Sims am oberen Turmteil können wir aus Karton oder Leder zinnenförmig mit dem Locheisen ausstemmen oder mit der Schere zurechtschneiden. Diesen Sims leimt man mit den Zinnen nach unten auf, was sehr „echt" ausschaut.

Fenster und Tore werden mit der Laubsäge ausgesägt oder mit dem Stemmeisen herausgebrochen und mit einer Feile oder Raspel in die richtige Form gebracht. Daß sie den Proportionen entsprechend angebracht sein müssen, versteht sich von selbst. Die Innenseite der Fenster kann, was sehr liebevoll bearbeitet wirkt, durch ein gerade oder schräg verlaufendes Gitter verziert sein. Dieses stellt man mit Zahnstochern her, die man gekreuzt und jeden für sich aufleimt. Das ist allerdings eine recht zeitraubende Arbeit. Sollte jemand die Geduld dazu nicht aufbringen, wird er ein fertiges Gitter (Streckmetall- oder ähnliches Dekorationsgitter) verwenden. Die Fensterumrandung wird

10 *Werdegang eines orientalischen Krippenbergbaues (10 bis 23). An Grotte angebauter Turm*

14
Weiteres fertiges Gebäude

15
Gebäude
von Abb. 14
in das Grundbrett
eingelassen
und befestigt

16
Freistehendes Gebäude
mit Kuppeldach

17
Kuppeldachgebäude
und Brunnen
angebaut

20
Im Rohbau
fertige Krippe
mit verkittetem
Gelände

21
Krippe
in verschiedenen
Faß-Stationen:
Stadttor, Mauer,
Turmteil grundiert,
Gebäudeteile
und Grotte
mit Gelände gefaßt

49

durch Rinde oder Styropor leicht erhöht aufgeklebt.
Nach diesem einfachen Turm wollen wir Ihnen einen
weiteren *Rundturm* vorstellen, der schon etwas kom-
plizierter zu machen ist, dafür aber sehr dekorativ
wirkt. Diesen mit Steinchen belegten Turm haben
wir in unsere große orientalische Krippe integriert,
die Sie auf den Abb. 10 bis 23 und Farbbild VIII
sehen. Bei der ersten Aufnahme der Serie erkennen
Sie alle Einzelheiten des Turmes besonders deutlich.
Auch bei diesem Turm ist der Grundbau eine
Teppichrolle oder, so nicht vorhanden, eine dünnere
Rolle, die man mit Streifen von Weichfaserplatten
verstärkt. Zunächst wird die Rolle in der entsprechenden Länge abgeschnitten. Den oberen Rand
kann man, wenn man will, ruinenartig ein- und
abschneiden. Wir haben in der Nähe des oberen
Abschlusses einen Ring angebracht, den wir aus 2 cm
starken Weichfaserplatten maßgetreu und proportio-
nal richtig zugeschnitten haben. Diesen Ring haben
wir aufgeleimt und durch Konsolen gestützt, die wir
aus Lärchenrinden geschnitzt haben. Ebenso gut hät-
ten wir dafür auch Weichfaserplatten oder Styropor
nehmen können.
Für das Tor verwendet man sehr dünne Leisten oder
Eislutscherstäbchen, bei denen die Kanten gebrochen werden. Sie werden, auf der Röhre aufliegend,
aufgeleimt. Die Rundung des Tores wird mit der
Säge ausgeschnitten. Die Steine für die Umrahmung
werden aus dem gleichen Material gemacht wie der
Ring. Sie werden keilförmig zugeschnitten und so
aufgeklebt, daß sich der Bogen ergibt.
Für den eigentlichen Bau des Turmes werden Steinchen geformt. Für diese Arbeit schlagen Sie bitte
nach im entsprechenden Kapitel. Die Vorgangsweise
des Beklebens ist folgende: eine kleinere Partie der
Papprolle wird mit Kaltleim bestrichen, ein Steinchen geformt und sofort aufgeklebt. Man macht das
so lange, bis der ganze Turm von Steinchen bedeckt
ist. Der obere Zinnenteil des Turmes kann auch mit

Filzziegel

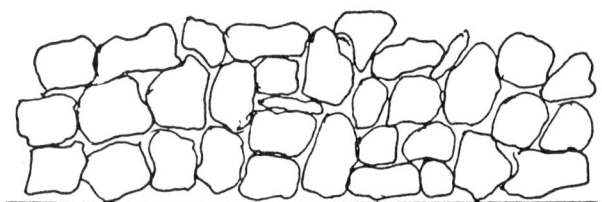

Steinchenmauer

Mauer aus Lärchenrinden   *Mauer aus Lärchenrinden*

Ziegeln bedeckt werden. Diese schneidet man aus einem alten Filzhut zunächst streifenförmig, dann ziegelartig mit der Schere oder dem Messer. Der Ring wird mit Verstreichmasse verputzt. Dasselbe geschieht mit der Innenseite der zinnenartigen Abschlüsse.

Einen solchen Turm kann man neben eine Grotte stellen oder auch in den Felsen integrieren. Als Übergang schaut eine Mauer gut aus. Ihr Inneres kann ein Rindenstück oder auch Styropor sein, mit Quadern aus Lärchenrinde bedeckt oder verputzt.

Bei den Türmen gibt es aber auch noch andere Arten, die nicht rund, sondern eckig sein können. Der Grundriß braucht nicht einmal quadratisch oder rechteckig zu sein, sondern kann eine unregelmäßige Form aufweisen und ohne weiteres auch mehreckig sein.

Bei allen Typen wendet man gern etwas an, was als Detail besonders liebevoll gestaltet ausschaut, nämlich die *Kombination von Verputz und Mauerwerk*. Man ahmt im Krippenbau etwas nach, was in der Natur der Zahn der Zeit besorgt: an bestimmten, besonders exponierten Stellen bröckelt der Putz ab und die darunterliegende Ziegel- oder Backsteinmauer kommt in unregelmäßiger Form zum Vorschein. Gerade das Ungleichmäßige ist es, was das Ruinenhafte, Zerbröckelnde betont. Um das Mauerwerk mit den Mörtelflächen bündig erscheinen zu lassen, ist es nötig, das Material an den dafür vorgesehenen Stellen so tief auszunehmen, wie die Ziegel bzw. Backsteine dick sind. Diese werden aus Lärchen- oder Zirbenrinde oder auch aus Styropor zugeschnitten, und zwar recht unregelmäßig in der Struktur. Ebenso unregelmäßig werden sie aufgeleimt, auf jeden Fall aber immer versetzt.

Bau einer Mauer für die orientalische Krippe
Die Mauerteile werden nach Plan aus Weichfaserplatten zugeschnitten, allfällige Öffnungen für Türen und Fenster ausgeschnitten (siehe Abb. 24, 25). Sehr gut sieht es aus, wenn der Sockelteil sich von der übrigen Mauer optisch abhebt, was durch stärkere Quaderung der Steine erfolgen kann. Auch die Kanten können stärkere Quader aufweisen.

Mauerwerk kann man entweder darstellen aus zurechtgeschnittenen Lärchenrinden oder aber aus Styropor usw., das man auf die zugeschnittenen Teile aufleimt. Wie unterschiedlich die Wirkung ist, mögen Sie bitte den nächstfolgenden Abbildungen entnehmen. Die in vielen Stationen gezeigte große orientalische Krippe der Abbildungen von 10 bis 23 ist ohne Verwendung von Styropor gebaut, während für die in gleichfalls mehreren Stationen gezeigte große Eckkrippe (siehe Abb. 26 bis 28) weitgehend Styropor als Mauerwerk eingesetzt wurde.

Eine andere Art, *Steinmauern* darzustellen, ist folgende: Wir tragen Verstreichmasse auf die Mauer auf und lassen sie etwas antrocknen. Dann ritzen wir die Fugen ein (Abb. 29).

Wenn man mit dem Kerbschnittmesser oder dem Schnitzeisen zurechtkommt, kann man auch zur Darstellung einer Mauer Zirben- oder Lindenbretter bzw. anderes schnitzfähiges Holz verwenden, in welches man Steine einschnitzt (Abb. 30). Steinmauern können auch aus Schalen von Erdnüssen gemacht werden. Dazu bestreichen wir die Mauer mit Verstreichmasse und drücken die Erdnußschalen ein (siehe Abb. 31).

Die orientalische Stadt
Wir haben uns mit frei versetzbaren Architekturteilen, den Türmen befaßt, die man – jeden für sich – extra baut und dann entweder für sich allein oder im Verband mit einem Gebäude entsprechend einsetzt. Bevor wir uns den Häusern der orientalischen Krippe zuwenden, lassen Sie uns ein wenig verweilen bei dem *Anblick einer orientalischen Stadt*. Dort gibt es zunächst ein Stadttor, durch welches der Blick in die

24
Modelltafel
Links oben Anfertigung einer abgebröckelten Mauer mit Filzstücken, rechts oben dasselbe mit Rindenstückchen.
Untere Reihe von links:
1. Mauer aus Styroporplatte, Fugen mit Lötapparat eingeritzt;
2. Mauer aus gebrochenen Styroporstückchen, Fensterrahmen: ausgeschnittene Styroporbogen;
3. alte Mauer mit abgebröckeltem Verputz, Mauersteine aus Filz, Fensterbogen aus Rindensteinen;
4. Mauer mit Filzsteinen, Torbogen aus verschieden großen Weichfaserplattenbögen zusammengestellt

25
Links Mauer aus dünnen Korkziegeln, rechts abgebröckelte Mauersteine aus Pappkarton, Risse im Verputz nach Antrocknen eingeritzt

26   Eck-Krippe mit gebauter Grotte und teilweise befestigten Gebäuden

54

29
Mauer links mit Tor, Mauerwerk mit Verstreichmasse, Mauersteinkonturen eingeritzt, Mauer rechts mit Fensterausschnitt; aufgeklebte gebrochene Styroporteilchen

30
Verschiedene Steinmauern, aus Zirbenholz geschnitzt

31
Baustationen einer Mauer, gefertigt aus Erdnußschalen

engen Gassen führt (siehe hinteres Umschlagbild). Die diese Gassen begrenzenden Häuser sind schmal und hoch; ihre Fassaden sind häufig von stark betonten Fenstern und Türen unterbrochen. Wir haben schon beim Kapitel über die Goldenen Regeln des Krippenbauens davon gehört, daß diese Bauelemente logisch angeordnet sein müssen, nämlich so, daß man sich die Innenräume, verteilt auf mehrere Stockwerke, auch wirklich vorstellen kann.

Das wesentlichste Material, das wir verwenden, sind Weichfaserplatten zum Bau der Mauern, Rinden und Styropor zum Formen von Ziegeln und Quadern. Gelegentlich werden wir Styroporkugeln zum Formen von Kuppeln brauchen, Wellpapier für die Dacheindeckungen, Metall- oder Kunststoffgitter für die Fenster usw. Für das Verputzen wenden wir das Wissen an, daß es ja im Orient keinen Rauhputz gibt und daß wir deshalb auf das Beimengen von Sägemehl bei der Verstreichmasse verzichten werden.

In der Regel wird jedes Bauelement für sich erstellt, und zwar lose. In den verschiedenen Podesten des Grundbrettes werden den Grundrissen der Häuser entsprechend die Ausschnitte ausgesägt und die Häuser in diese hineingestellt (siehe Abb. 10 bis 23). Naturgemäß muß man bei der Höhe der Häuser das zugeben, was nachher versenkt wird. Stadttore, lose Mauern, Brunnen usw. werden nicht versenkt. Die Podeste können nach rückwärts ansteigen. Sollten Sie das Grundbrett ohne Ausschnitte machen wollen, so sind selbstverständlich die Häuser in den Grundmauern der Schräge der Ebene anzugleichen und nur auf diese aufzusetzen. Vergessen Sie das Leimen nicht!

Bau eines Gebäudes für eine orientalische Stadt
Der erste Arbeitsgang ist das Entwerfen des Grundrisses, der bei orientalischen Häusern oft nicht quadratisch oder rechteckig, sondern z. B. in die Länge gezogen und vieleckig sein kann. Sehen Sie hier einige typische Grundrisse:

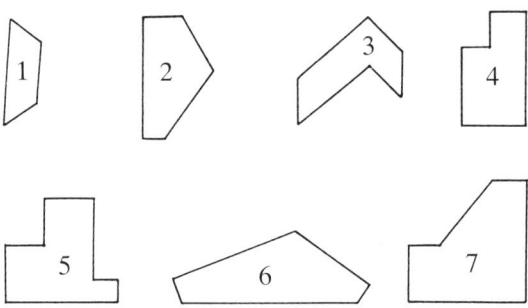

Wenn man einen ganzen orientalischen Stadtteil aufbauen will, kann man sich dieser Grundrisse bedienen. Die so aufgebauten Häuser ergeben, aneinandergesetzt, den Eindruck einer Altstadt. Nur darf man natürlich nicht des Guten zuviel tun, sondern muß logisch vorgehen und zwischen den Häusern die entsprechenden Gassen einplanen.

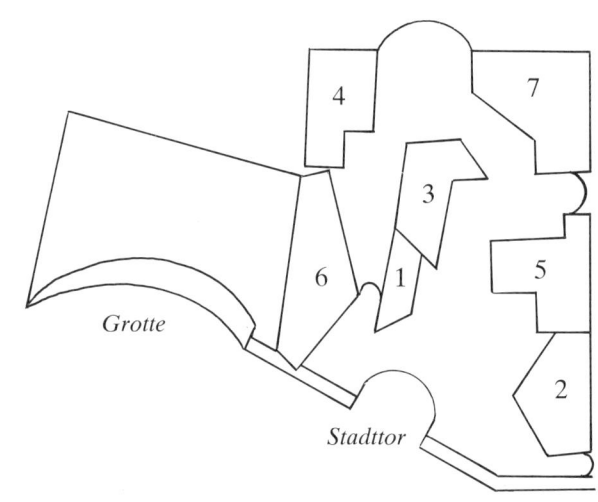

Jedes Gebäude bzw. jeder Gebäudeteil wird, wie wir schon gehört haben, für sich gebaut und dann mit dem übrigen zusammengesetzt. Diese Vorgangsweise hat sich als vorteilhaft erwiesen, weil man mit den Verputzarbeiten auf diese Art besser zukommt. In den meisten Fällen stützt ein Haus das andere durch einen Halbbogen.

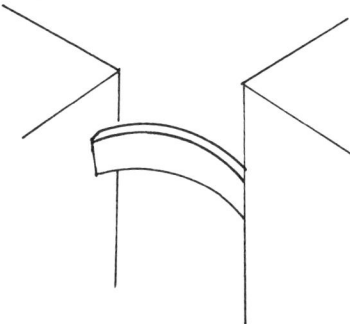

Haben Sie den Grundriß festgelegt, machen Sie sich ans Skizzieren. Auf die Weichfaserplatte oder das Holzbrett zeichnen Sie die einzelnen Schnitteile der Hausmauern. Man schneidet die Konturen aus, dann mit der Laubsäge oder dem Bodenlegermesser die Tür- und Fensteröffnungen. Die einzelnen Teile werden mit Kaltleim zusammengeleimt und genagelt. Die Flächen kann man entweder verputzen, mit Ziegeln besetzen oder das Mauerwerk herausschnitzen. Die Ziegel schneidet man aus Lärchenrinde oder Styropor usw. Die Kanten werden gebrochen, alles mit Kaltleim aufgeklebt. Die Mörtelfuge muß zum Gesamten in guter Proportion stehen, die Ziegel müssen im „richtigen Verband" gesetzt werden, d. h. versetzt.

Allfällige Türen oder Fenster können mit den entsprechenden Simsen und Bögen versehen, die Höhlen verkleidet werden.

Für alle diese Einzelteile verwenden wir Lärchenrinden-, Weichfaserplatten- oder Styroporstreifen, um eine Steinumrandung vorzutäuschen. Hinter die Fen-

steröffnungen kleben wir feinmaschige Gitter (Gaze, Tüll, Fliegengitter, Streckmetallgitter, Hutmachergitter usw.).

Die Dächer der orientalischen Häuser sind flach und stehen etwas über die Mauern vor. Man kann sie abschließend verputzen. Die kleinen Schrägdächer an allfällig auftretenden Anbauten kann man mit Streifen von Wellpappe decken. Es gibt neben der normalen Art von Wellpappe noch eine andere, weniger gebräuchliche, die schmalere und flachere Rillen hat. Sie eignet sich vorzüglich zum Dachdekken. Einige Gebäude des Orients haben Kuppeldächer. Diese stellen wir mit zerteilten Styroporkugeln im entsprechenden Durchmesser her.

Sehr echt wirken Gebäude, die irgendwelche Zubauten haben, also z. B. breite *Steinstufen*, die man auch in leichtem Bogen zur Haustüre hinaufführen kann. Man kann sie aus Weichfaserplatten schneiden, denen man die Kanten bricht. Sie werden verputzt (Abb. 12, 13).

Auch *Treppen*, die man entweder gleich auf die Grundplatte befestigt oder zu einem oberen Stockwerk führt, nehmen sich sehr dekorativ aus. Man kann die Treppen auch als eigenen Baukörper separat bauen. In diesem Fall macht man die Treppe ganz fertig, verputzt sie und setzt sie so an ein orientalisches Haus an, daß sie logisch zum ersten Stockwerk hinaufführt. Eine Treppe kann z. B. so aussehen:

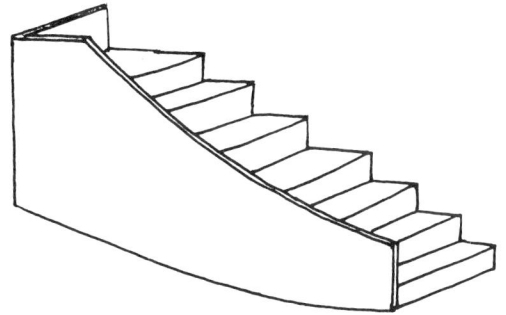

Die Treppenstufen werden wie die Stirnseiten aus Weichfaserplatten gebildet, deren Stärke die Stufenhöhe ergibt. Man setzt die einzelnen Stufen so, daß jeweils die Hälfte der unteren von der Hälfte der nächstfolgenden abgedeckt wird. Dazu müssen die einzelnen Weichfaserplattenstreifen genügend breit sein.

An manchen Stellen, wie z. B. monumentalen Eingängen zu tempelähnlichen Gebäuden, kann man auch rechts und links je eine *Säule* anbringen, die zwischen sich einen Bogen tragen. Diese Säulen fertigt man aus Rundhölzern, die man oben und unten etwas abnimmt, so daß die Säule eine gefällige Form bekommt.

Ein weiterer sehr reizvoller Zubau eines Hauses kann ein *Erker* sein (Abb. 14), der natürlich im Orient anders aussieht als z. B. in den Alpen. Seltener sind die Erker über Eck der Mauer, meist liegen sie in der geraden Mauerfläche, und zwar so, daß der Innenraum, der dahinter liegt, vorstellbar und logisch ist. Wir schneiden zunächst aus der Mauer eine größere Öffnung heraus, die wir mit dem Erker verschließen. Für diesen schneiden wir die Seitenteile zu, die z. B. so aussehen können:

Dann schneiden wir den Boden zu, der an der mit x bezeichneten Stelle eingeleimt wird. Das aufgesetzte schräge Dach kann, wie wir schon gehört haben, mit Streifen von Wellpappe gedeckt werden. Dabei ist es wichtig, wie überhaupt bei jeder Art von Dacheindeckung, daß sich am untersten Rand des Daches eine kleine, schmale Leiste befindet, auf der die unterste Rippe der Wellpappe aufliegt. Auf diese Art wird ein Auf- oder Überstehen der zweiten Rippe Wellpappe verhindert (siehe Skizze). Die Vorderwand des Erkers kann, was sehr „echt" wirkt, durch mehrere Bogenfenster unterbrochen sein. Deren Fensterumrandungen kann man in Styropor oder Rinde gestalten. Der Erker wird verputzt.

Dem *Stadttor* (siehe Abb. 18) kommt bei orientalischen Städten eine große Bedeutung zu – so auch bei unserer Krippe. Es kann etwas unterschiedlich geformt sein; allen gemeinsam aber ist ein halbkreisförmiger Bogen. Meistens weist der Bau auf jeder Seite einen Sockel auf. Die Baumaterialien sind dieselben, wie schon mehrfach besprochen. Der Lärchenrinde und dem Styropor kommt hiebei eine besondere Bedeutung zu, formen wir doch aus ihnen die Quader, die später grundiert und farblich gefaßt werden.

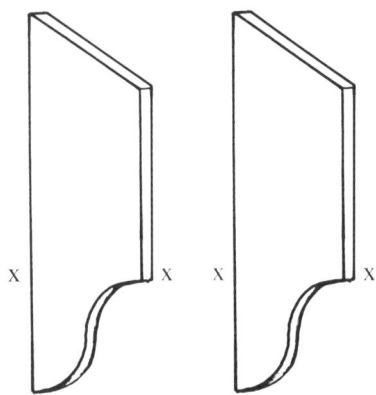

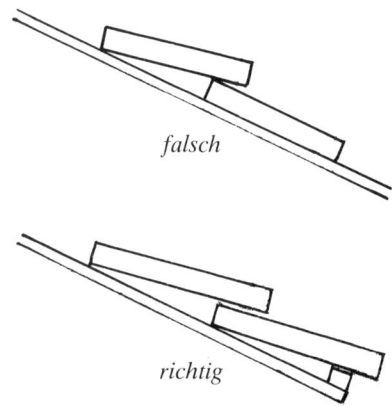

falsch

richtig

Bau einer heimatlichen Krippe

Die besonderen Eigenarten der heimatlichen Krippe kommen neben der Darstellung der Landschaft aus den Bauten, also den Häusern, Ställen und Stadeln. Natürlich wird eine Tiroler Krippe anders aussehen als z. B. eine schwäbische, denn hier wie dort haben die Gebäude einen anderen Stil. Im Prinzip aber, und von Kleinigkeiten abgesehen (wie z. B. der Anbringung von Fachwerk) sind sich die Bauwerke doch sehr ähnlich. Auf jeden Fall aber ist es empfehlenswert, sich vor Inangriffnahme der Arbeit erst einmal mit dem spezifischen Aussehen der jeweiligen Landschaft und ihren Gebäuden vertraut zu machen. Fertigen Sie sich einige Skizzen an, und wenn Sie sich für eine entschieden haben, zeichnen Sie die Gebäude rein.

Um Ihnen bei der Ausgestaltung von Tiroler Krippen behilflich zu sein, geben wir Ihnen im Anhang dieses Buches u. a. eine Anzahl von Zeichnungen aus den bewährten Händen von Sepp Mathoi, dem wir an dieser Stelle dafür danken, daß wir diese trefflichen Zeichnungen verwenden durften.

Da dieses Buch in einem Tiroler Verlag erscheint und dieses Land zudem eine Hochburg des Krippenbauens ist, wird in unseren Abhandlungen naturgemäß das Element der Tiroler Bauweise vorherrschend sein. Natürlich können Sie, wenn Sie in einem anderen Landstrich beheimatet sind, auch eine Tiroler Krippe bauen, aber wahrscheinlich werden Ihnen die Bauwerke als zu wesensfremd erscheinen. Planen und bauen Sie deshalb Ihre eigene Krippe mit den Gebäuden, die Sie in der Landschaft in Ihrer nächsten Umgebung antreffen. Die meisten Techniken, die für das Tiroler Haus gelten, werden auch für Ihr Haus zutreffen.

Da wir für den Bau einer heimatlichen Krippe etwas anderes und mehr *Material* brauchen als für die beiden zuvor beschriebenen, möchten wir Ihnen hier eine kleine Liste dieser Dinge geben.

Rohspanplatten, 10 bis 15 mm stark, oder Holzbretter, ca. 2 bis 3 cm stark,
Weichfaserplatten, 8 bis 20 mm stark,
Leisten, ca. 10:10 mm stark
(für Figuren von 10 bis 12 cm),
Wurzelstöcke, Rinden, Styropor, Korkrinde,
Plexiglas oder Plastikfolie,
Draht für eventuelle Gitter,
schnitzfähige Holzbretter für geschnitzte Wände,
Nägel,
Tischlerleim (= Kaltleim),
Grundkreide,
Sägemehl, Schleifmehl,
Dispersionsfarbe für Außenanstrich bzw. Grundierung,
schwarze Tusche,
Nußbeize,
Pulverfarben,
Ausschmückungsmaterial (siehe Krippenbotanik).

Das *Grundbrett* auch dieser Krippenart hat dieselben Eigenschaften aufzuweisen wie das der Höhlenkrippe, weshalb Sie bitte im entsprechenden Kapitel nachlesen mögen. Dasselbe gilt für die Rezepturen von Mörtel, Verstreich- und Steinchenmasse. Auch hier gilt, daß das erste Podest durch möglichst astfreie Leisten entsprechend erhöht wird, ebenso wie Leisten (20:25 cm) die Verstrebung bilden. Die Leisten werden zuerst von hinten und dann quer, zum Schluß mittendrin befestigt. Die Querleisten sollen ungefähr 25 cm Abstand voneinander haben. Sie tragen die Grundplatte des ersten Podestes. Dieses wird errichtet, um ein Gelände vorzubereiten, eine Erhöhung, auf die wir das Haus (oder die Häuser), den Stall usw. stellen. Die Höhe dieses Podestes über der Grundplatte wird bestimmt durch die jeweilige Landschaft, die wir nachbauen wollen. Beabsichtigen wir, ein Gebäude in flaches Gelände zu stellen, erhöhen wir um 2 bis 3 cm; wollen wir aber etwa eine Art Hanglage bauen, so benötigen wir schon 4 bis 6 cm (gilt für Figurengrößen von 10 bis 12 cm). Sollte in das Gelände ein Bach gebaut werden, so ist im Podest ein Schlitz von ca. 15 cm auszusparen. Das Bachbett wird schräg konstruiert.

Nach dem Zeichnen des Grundrisses des *Gebäudes* auf die Grundplatte können wir mit seinem Bau beginnen.

Haus in kombinierter Mauer- und Holzbauweise
Bei dieser kombinierten Bauweise (Abb. 33 bis 44) treffen wir auf beide Arten des Bauens: Der gemauerte Teil wird separat gebaut, verputzt und dann erst auf das Grundbrett bzw. Podest aufgeleimt, während der Holzteil aufgebaut wird.

Wir beginnen zunächst, um Sie etwas einzuschulen, mit dem technisch einfacheren, nämlich dem *gemauerten Teil*. Für diesen benötigen wir Weichfaserplatten – diese sind leicht und angenehm zu bearbeiten – in einer Stärke von 8 bis 10 mm. Gemäß Grundriß schneiden wir die Wandteile zu. Bei einem alten Haus sollen die Wände nie gerade sein, sondern sich oben leicht nach innen neigen. Tür- und Fensteröffnungen werden mit der Laubsäge oder dem Bodenmesser ausgeschnitten, die Fensterstöcke eingesetzt. Für die Stöcke benötigen wir Leisten bzw. Brettchen in ca. 3 bis 5 mm Stärke und einer Breite in der verwendeten Weichfaserplattenstärke. Auf die Innenseite der Fensteröffnungen wird eine stärkere Plastikfolie aufgeklebt, was besser ist, als Papier zu verwenden, da dieses leicht reißt. Auf die Außenseite der Folie kleben wir aus Zahnstochern das Fensterkreuz. Sind diese Arbeiten getan, so kleben und nageln wir die Wände zusammen und passen aus Faserplatten einen Überboden ein.

Um einer verputzten Mauer später ein abgebröckeltes, altes Aussehen zu geben, kleben wir auf die Wand in Ziegel- oder Steinform geschnittene Filz- oder Rindenstücke. Damit wir auf die Wand nicht allzu stark Verputz auftragen müssen, sollen vor dem Anbringen der Ziegel entsprechende Vertiefungen ausgenommen werden. Ziegel oder Steine werden im Verbund aufgeklebt. In der Natur fällt sonst die Mauer auseinander. Anschließend wird das Ganze mit Krippenmörtel verputzt (siehe das Kapitel „Herstellung des Krippenmörtels, der Verstreich- und Steinchenmasse"). Um weiterarbeiten zu können, ist es wichtig, daß der Verputz trocken ist.

Nach dem Befestigen des gemauerten Teiles auf der Grundplatte kann mit dem *Holzaufbau* begonnen werden. Wir benötigen dafür Vierkanthölzer, bei welchen wir mit einem Messer oder Modellbauhobel die Kanten brechen. Auch die Schnittstellen sollen leicht abgeschrägt werden. Die abgelängten Kant- und Rundhölzer werden zunächst „verstrickt". Für den Vorgang des sogenannten „Verstrickens" bereiten wir die Kanthölzer zuerst vor, indem wir an immer derselben Stelle, ca. 1 bis 2 cm vom Ende entfernt (je nach Größe des Gebäudes), einen Ein-

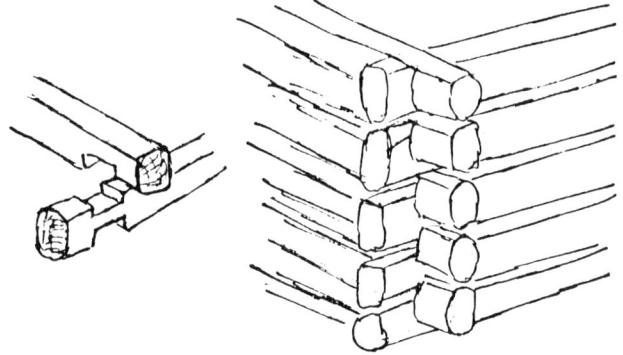

*Werdegang einer
heimatlichen
Krippe in Mauer-
und Holzbauweise*

*32
gemauerter
Erdgeschoßteil*

*33
In Holzbauweise
errichteter Stallteil*

*34
Auf Grundbrett
befestigte
Erdgeschoßteile*

35
Rahmen mit
Stehern für
Stockwerk

36
Aufgelegte
Stockwerkrahmen
auf Erdgeschoß

41   Fertig verschalter Dachstuhl

42
*Fertig geschindeltes
Gebäude mit
Geländerohbau*

43
*Fertiggestellte
Krippe ohne
Begrünung, mit
gebauter Brücke*

44 *Fertiggestellte Krippe mit Ausschmückung, Begrünung und ausgegossenem Bachbett*

schnitt machen, der genau dem Einschnitt des im rechten Winkel daraufgelegten Kantholzes entspricht. An diesen Einschnitten werden die Hölzer im rechten Winkel aufeinander gelegt, verleimt und genagelt (siehe Zeichnung). Es ist darauf zu achten, daß kein Leim austritt, da auf diesen Stellen des Holzes die Beize nicht greift. Sollten wir doch einmal danebenpatzen, so können wir versuchen, diese Stellen mit Kreidepulverfarben farblich der Umgebung anzugleichen.

Tür- und Fensteröffnungen werden ausgeschnitten und mit Blenden besetzt. Dazu verwenden wir ca. 2 mm starke, 1 cm breite Leisten, die wir auf Gehrung schneiden und an den entsprechenden Stellen aufleimen. Damit sich die Leisten nicht lösen, fixieren wir sie mit kleinen Nägeln, die wir, sobald der Trockenvorgang abgeschlossen ist, wieder herausziehen.

Die Fensterscheiben werden, bevor das Dach aufgesetzt wird, von innen aufgesetzt. Dazu benötigen wir ein entsprechendes Stück Plexiglas bzw. PVC-Folie. Diese wird etwas größer zugeschnitten, als die Fensteröffnung groß ist, und durch schmale Leistchen befestigt, für deren Nagelung man extrem kurze Nägel verwendet. Die Fenster können auch Fensterläden aufgesetzt bekommen.

Man kann, wenn man auf Läden verzichtet, dem Fenster auch durch ein von außen aufgesetztes *Gitter* einen gewissen Schmuck geben. Für dieses Gitter kann man einen mittelstarken, schwarz lackierten Draht verwenden, den man sich entsprechend biegt. Damit das Gitter fest ist, kann man z. B. die Senkrechten im Ganzen nehmen und die Waagrechten an den Kreuzungspunkten herumschlingen. Die Waagrechten werden an den Enden im rechten Winkel umgebogen und zu beiden Seiten der Fensteröffnung in das Holz eingelassen.

Auch die *Haustüren* kann man recht liebevoll gestalten.

Man kann dafür ein entsprechendes Stück Hartfaser-

platte in dieser Weise mit Furnierstreifen besetzen: Damit sich das Furnier nicht löst, hält man es, bis der Leim trocken ist, mit Schraubzwingen fest.

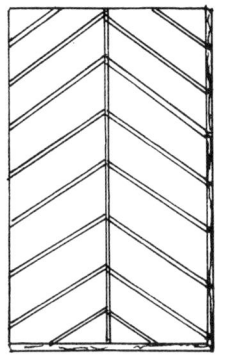 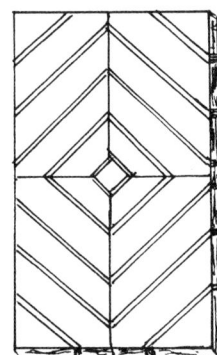

Natürlich kann die Haustür auch ganz anders gestaltet sein, sie muß sich nur im Stil dem Gebäude anpassen. So kann sie, was besonders liebevoll ausschaut, auch einen winzigen Türgriff haben.

Sind wir mit der Holzkonstruktion auf der Höhe des gemauerten Teiles, beziehen wir mit einem Holzkranz (Rahmen) den gemauerten Teil mit ein (Abb. 36). So arbeiten wir uns auf allen vier Seiten des Hauses empor bis zur *Dachschräge*.

Zunächst müssen wir Überlegungen anstellen, welche Art von *Dach* unseren Vorstellungen am besten entspricht. In den nachfolgenden Zeichnungen unterbreiten wir Ihnen einige Vorschläge dafür.

Sehr wichtig ist sodann der richtige Bau des *Dachstuhles*. Wenn wir davon ausgehen, daß wir dem Dach Schindeln aufsetzen, so darf die Dachschräge nicht zu steil sein, sondern sollte ca. 20 bis 25 Grad betragen.

Um den Dachstuhl bauen zu können, fertigen wir uns zunächst einen Rahmen an, der genau dem Grundriß und den Maßen des darunterliegenden Bauwerkes entspricht. (Von diesem Rahmen haben wir schon

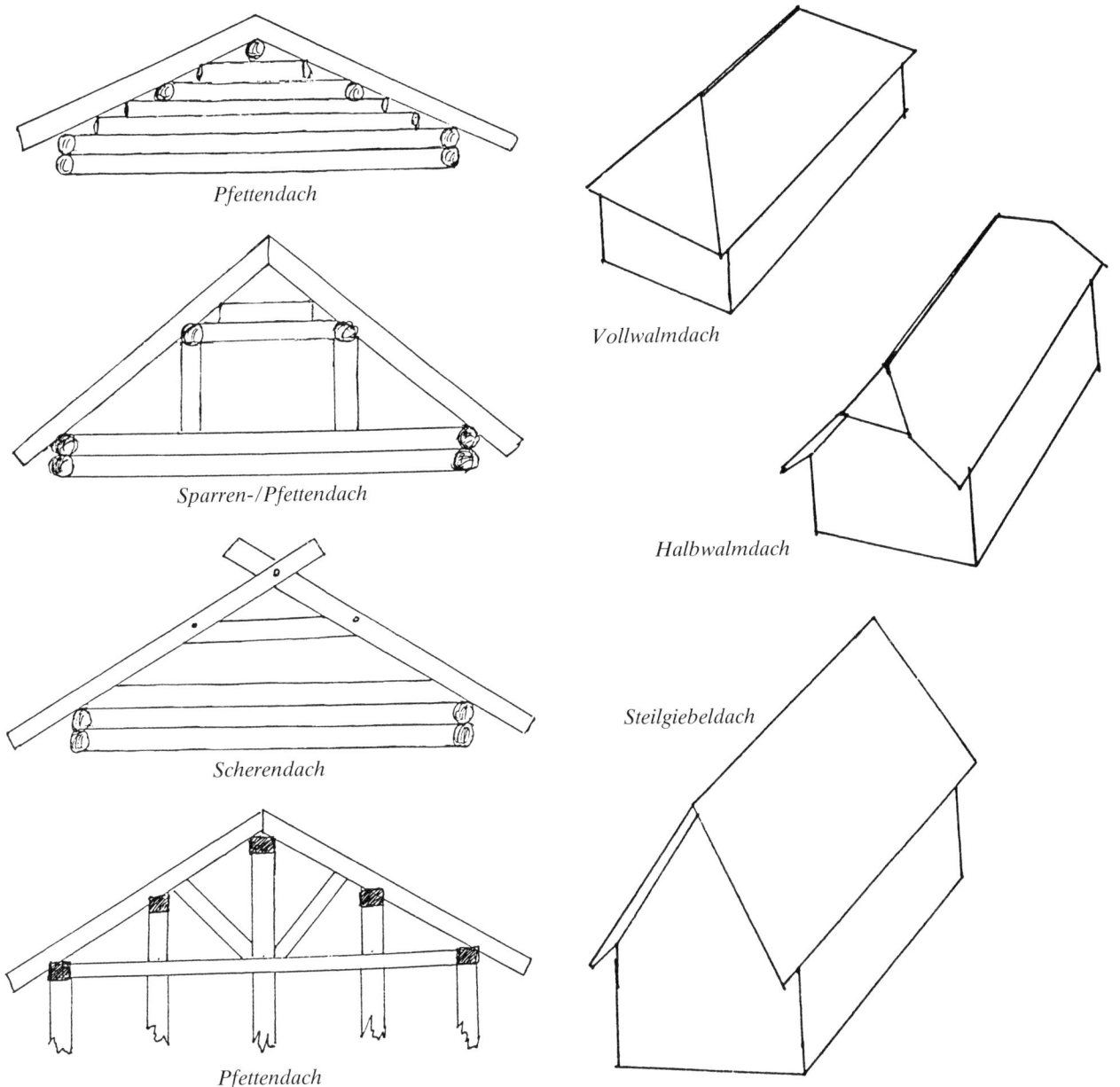

Pfettendach

Sparren-/Pfettendach

Scherendach

Pfettendach

Vollwalmdach

Halbwalmdach

Steilgiebeldach

69

weiter oben gehört). Wenn wir einen knapp unter dem Dach liegenden *Balkon* planen, so müssen wir an den entsprechenden Stellen die Balken (Trame) genügend eng setzen und genügend weit vorkragen lassen, damit wir darauf die Bodenbretter des Balkons auflegen können.

Der Rahmen soll noch nicht am Gebäude befestigt werden, weil vorher die Steher eingesetzt werden müssen (siehe Abb. 37). Diese stützen einmal den Giebel und weisen die entsprechende Höhe auf; die anderen, die das Dach an den Seiten stützen, sind entsprechend kürzer. Die Differenz ergibt die Dachschräge. Wie viele Steher in einer Reihe man benötigt, hängt von der Größe des Gebäudes ab und der Frage, ob man die Verschalung des Dachbodens innen oder außen anbringt. Verschalt man von außen, genügen in jeder Reihe zwei Steher, weil man sie ja von außen nicht sieht. Verschalt man von innen, ist eine etwas größere Anzahl von Stehern notwendig.

Auf die Steher werden die Querbalken (Pfetten) aufgenagelt, wobei man den Dachvorsprung einzuplanen nicht vergessen darf. Wenn die Verschalung des Dachbodens innen vorgenommen wird, ist darauf zu achten, daß die Pfetten im Zwischenraum abgestützt werden. In diesem Fall werden auch die Steher schräg abgestützt.

Wenn die Pfetten befestigt sind, werden die Dachsparren aufgenagelt. Ihre Anzahl ist in unserem Fall eine Frage des Geschmacks, in der Natur mehr der Statik.

Sehr wichtig ist eines: Eine vordere und eine hintere Dachsparre muß in der Senkrechten genau oberhalb der darunterliegenden Mauer befestigt sein, damit man die Schalung des Dachbodens in der Hausflucht gerade errichten kann und nicht schief.

Der so vorbereitete Dachstuhl wird auf das gemauerte bzw. aus Holz aufgebaute Unterteil genagelt (siehe Abb. 37, 38). Nach dem Befestigen des Dachstuhles am Gebäude wird der Zwischenboden aus dünnen Brettchen (ca. 2 mm Stärke) zugeschnitten und verlegt. Die Dachschräge wird verkleidet.

Auf den so vorbereiteten Dachstuhl wird entweder eine Span- oder Sperrholzplatte oder Holzbrettchen auf jeder Seite aufgenagelt, auf denen dann die Schindeln befestigt werden. Oder man nagelt quer zu den Dachsparren dünne (2 bis 3 mm) Dachlatten, die die Schindeln aufnehmen. Das ist die „gekonntere" Lösung.

Nun können wir mit dem *Decken des Daches* beginnen. Wir verwenden dazu je nach Gegend Dachplatten aus Karton, Ton, Wellpappe oder Schindeln.

Wenn ein Dach mit Schindeln gedeckt wird, so fertigen wir diese folgendermaßen an:

Normale Schindeln: Wir benötigen dafür ein astfreies Brett von ca. 25 mm Stärke und etwa 4 cm Länge.

Lange Schindeln: Hier muß das Brett ca. 10 mm Stärke und ca. 7 cm Länge haben. Von diesem spalten wir mit einem scharfen Messer knapp 1 mm starke Brettchen (siehe Zeichnung).

Mit dem Verlegen beginnt man stets bei der unter-

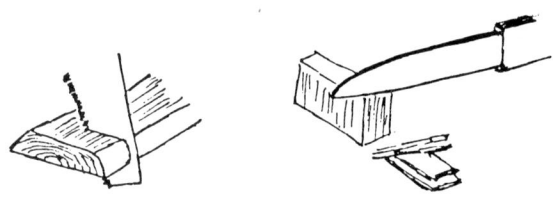

Das Hacken der Schindeln

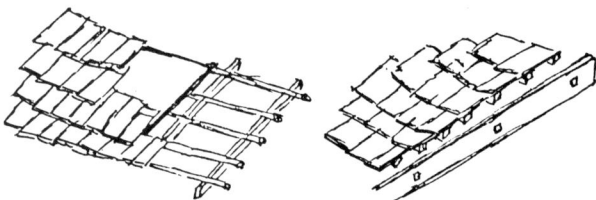

Das Verlegen der Schindeln

45
*Links: Ziegeldach
aus Eislutscher-
stäbchen
Rechts:
Schindeldach aus
langen Schindeln*

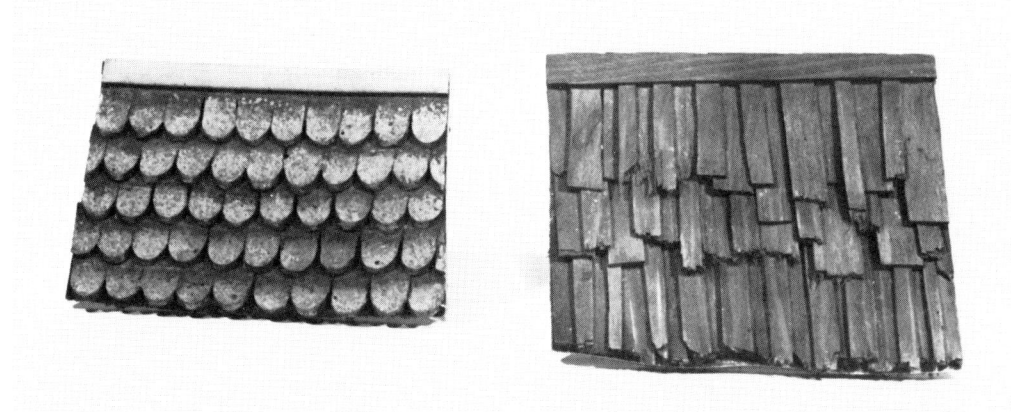

46
*Rohbau eines
Krippenstalles,
Dachdeckung mit
kurzen Schindeln*

sten Schindelreihe, unter welche man eine kleine Leiste befestigt (Abb. 50), die bewirkt, daß die zweite Schindelreihe im gleichen Winkel aufliegt wie die erste und nicht wippt. Die Schindeln der darauffolgenden Reihen müssen immer die Stoßkanten überdecken, damit das Dach dicht ist. Die Schindeln werden mit Leim aufgeklebt und sollten nicht gepreßt werden, damit das Dach natürlich wirkt.

Fürs Einschindeln können wir Ihnen einen Trick verraten: Sie tun sich leichter, wenn Sie darauf verzichten, Schindel für Schindel in die Hand zu nehmen und vorsichtig mit Leim zu bestreichen, und statt dessen am Dach in einer langen, ca. 1 cm breiten Linie den Leim auftragen und dasselbe bei der vorangegangenen Schindelreihe tun. Dann können Sie sehr rasch Schindel auf Schindel auflegen, wobei Sie allerdings darauf achten müssen, keinen Leim zu verpatzen, weil an diesen Stellen die nachfolgende Beizung nicht hält. Die Schindeln werden nicht schnurgerade verlegt, sondern einmal höher, einmal tiefer (siehe Abb. 45 rechts, 46).

Wir haben bisher nur von geschindelten Dächern gesprochen, einfach deshalb, weil das Einschindeln die mit Abstand gebräuchlichste, rascheste und zudem dekorativste Art der Dachdeckung darstellt. Eine andere Methode ist z. B. die Anwendung von Biberschwänzen oder jenen Dachziegeln, die man Mönch und Nonne nennt. Diese Dachziegel kann man herstellen entweder aus den rundgeschnittenen Enden von Eislutscherstäbchen (siehe Abb. 45 links), die man versetzt verlegt und entsprechend einfärbt; man kann die Dachziegel aus stärkerem Leder zuschneiden oder, was allerdings recht zeitraubend ist, sie aus selbsthärtender Masse (DAS, Knety usw.) herstellen und über einem Bleistift leicht rollen.

Den *Giebel* können wir mit einer Firsthaube, das sind zwei schmale, dünne Brettchen, oder durch Überstehen der letzten Schindelreihe einer Dachseite abdecken.

Zur Abdeckung vorne und hinten kann man *Windläden* befestigen, die glatt oder verziert sein können (siehe Abb. 44, 47).
Beispiel für eine dekorative Verzierung der Windläden:

Sehr liebevoll ausgearbeitet schaut es auch aus, wenn man am Dach an den entsprechenden Stellen *Dachtraufen* anbringt. Dazu muß man, noch bevor das Dach gedeckt wird, an den Dachsparren die entsprechenden Befestigungen annageln. Diese können durch ca. 2 bis 3 mm breite Blechstreifen gebildet sein, deren eines Ende man am Dachsparren annagelt. Für die Rinne verwenden wir etwas stärkere Kanthölzer, die wir – so vorhanden – mit der Maschine abrunden und der Länge nach aushöhlen. Sollten Sie das notwendige Werkzeug zur Anfertigung von Dachrinnen auf diese Weise nicht besitzen, so können Sie auch die ausgehöhlten Äste von Holunder oder Bambusrohr dafür verwenden. Die Regenrinne sollte ein Stück länger sein, als das Dach breit ist, und an der Vorderseite abgeschrägt sein. Sie wird wie alles übrige gebeizt und in die Metallschlaufen eingehängt, die man vorher entsprechend umgebogen hat.

Den *Kamin* auf dem Dach fertigt man wie alles übrige aus Weichfaserplatten, die man entsprechend aussägt und zusammennagelt. Unsere Zeichnungen zeigen Ihnen, wie unterschiedlich so ein Kamin ausschauen kann. Vergessen Sie bitte nicht, daß der fertige Kamin auf das schräge Dach aufgeleimt wird und deshalb unten gleichfalls schräg sein muß.

Der Kamin wird verputzt, unter Umständen auch das Dach, das man ihm aufsetzt. Beim Befestigen des

Vorschläge
für verschiedene
Kamine

73

Kamins auf dem Dach bedenken Sie, wo im darunterliegenden Raum theoretisch der Ofen steht, das heißt, setzen Sie den Kamin nicht willkürlich auf!

Sehr wichtig bei den Gebäuden der heimatlichen Krippe sind die *Zubauten* wie Balkone, Stiegen und Stiegenpodeste. Wir haben schon davon gehört, daß man, wenn man einen Balkon anbringen will, die stützenden Trame entsprechend vorspringen lassen muß. Dasselbe gilt auch für die Stiegenpodeste (siehe Abb. 48, 49). So ein Stiegenpodest ist gar nicht schwer zu machen. Man schneidet zunächst die Bodenplatte aus einem dünnen Brettchen zu und verlegt sie. Dann setzt man die entsprechenden Steher fürs Geländer ein, wofür man Kanthölzer von nicht zu großer Stärke verwendet. Auch ein bis zum oberen Stockwerk reichender senkrechter Pfosten ist möglich. Da man ja von unten nicht mehr zukommt, kann man sich beim Nageln eines Tricks bedienen: Man schlägt einen Nagel ein, zwickt ihm den Kopf ab und preßt auf das herausstehende Stück den zugerichteten Pfosten. Zwischen die Kanthölzer klebt man oben und unten je eine schmale Leiste in der Länge des Podests. Das kleine Geländer wird entsprechend einer Vorzeichnung mit der Maschine oder der Laubsäge aus sehr dünnen Brettchen ausgeschnitten (man kann sich auch einer Feile bedienen) und auf die Querleisten geleimt (siehe Abb. 42, 50). Muster für ein ausgeschnittenes Balkongeländer:

Bei alten Häusern sollten die Brettchen des Balkons bzw. Stiegenpodest keine Verzierungen aufweisen.

Für die *Treppe* selbst braucht man zunächst die beiden Treppenwangen, die je nach Schräge der Treppe so ausschauen:

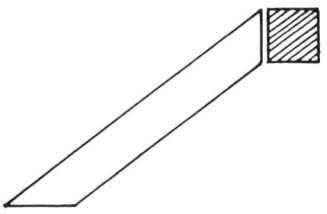

Die senkrechte Schnittfläche wird am Endtram des Stiegenpodestes befestigt, die untere waagrechte liegt am Boden auf. In die Schrägen setzen wir die Bretter waagrecht ein. Eine Leiste bildet den oberen Abschluß. Wenn, was ja meistens der Fall ist, ein Geländer vorhanden ist, so fertigen wir dieses mit Stehern und einer Griffstange an.

Unsere Zeichnung zeigt Ihnen überdies noch zwei andere ländliche Treppen.

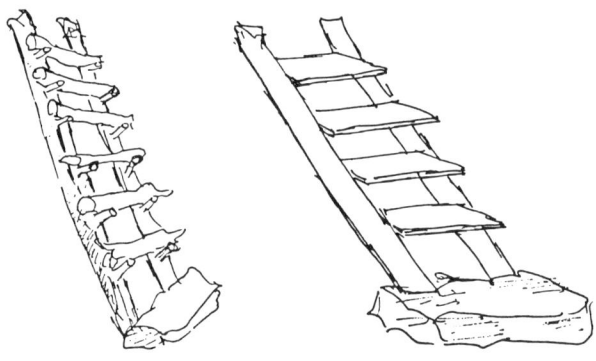

freistehende ländliche Treppen

47 *Heimatliche Krippe mit grundiertem Gelände, Dachstirnseite mit einfachen Windladen abgedeckt*

Stall und Stadel

Sehr ähnlich wie die Häuser werden auch *Stall* und *Stadel* gebaut. Diese können entweder einen gemauerten Sockel aufweisen oder aber ganz in Holzbauweise errichtet sein. Dazu kann man, wie beschrieben, die einzelnen Balken „verstricken", wobei man darauf achten sollte, die einzelnen Balken so zu verlegen, daß schmale Abstände bzw. Lücken entstehen. Durch diese streift die Luft, das Heu kann trocknen. Oder aber man kann dem kleinen Bauwerk ein Gerüst aus Kanthölzern geben, die man von innen mit sehr dünnen Brettchen verkleidet. Wenn man bestimmte Kanthölzer schräg nimmt, wirkt das wie ein kleines Fachwerk und sehr dekorativ.

Wenn wir die Stall- und Stadeltüre offen lassen, oder wenn wir die Öffnung überhaupt nicht mit einer Türe verschließen, müssen wir auf verschiedenes achten: Da man von außen in das kleine Bauwerk hineinschauen kann, ist es nötig, den gemauerten Sockel nicht nur außen, sondern auch innen zu verputzen, was dem Bau außerdem eine zusätzliche Stabilität verleiht. Des weiteren ist es nötig, alle Holzteile auch von innen zu beizen. Auch der Stallboden muß entsprechend behandelt werden. Für ihn verlegen wir schmale Brettchen. Diese werden dunkel gebeizt (bitte nicht mit rötlichem, sondern mit grauem „Stich") und nach dem Trocknen mit Leim bestrichen. Auf diese drückt man entweder Sägespäne oder Heu auf. Besonders wenn der Stall oder Stadel von innen beleuchtet ist, kommt dem Aussehen des Innenraumes große Bedeutung zu.

Die *Stalltüre* kann man, wenn man sich die nötige Zeit dafür nimmt, auch liebevoll gestalten; z. B. kann man sie mit kleinen schwarzen Beschlägen besetzen, die wie aus Schmiedeeisen gearbeitet aussehen. Dazu bedient man sich jener schwarzen geriffelten Bänder, mit denen oft Pakete verschlossen sind. Man kann dieses Material mit der Schere schneiden und ihm z. B. diese Form geben:

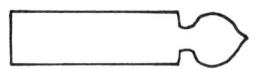

Die Stall- oder Stadeltüre kann z. B. mit auf ein dünnes Brett aufgeleimten Holzleisten hergestellt werden. Auf diese angepaßte Türe kleben wir noch Querleisten und in der Diagonalen eine Fixierleiste.

Auch eine Verzierung mit Holznägeln kann man anbringen, die man natürlich nicht nur bei der Türe, sondern auch sonst beim Balkenwerk verwenden kann. Dazu schnitzt man sich kleine Keile mit Köpfchen, bohrt im Holz des Balkens oder der Türe vor und setzt als Zierde den kleinen Holznagel ein. Sehr gut schaut es z. B. aus, wenn das Köpfchen im Farbton etwas anders gehalten ist als die Umgebung und damit etwas absticht.

Das *Stall- oder Stadelfenster* kann man sehr „echt" mit einer senkrechten „Eisenstange" versehen. Bei Mauerwerk zwickt man einem ziemlich dicken Nagel den Kopf ab und bohrt seine Spitze in die Weichfaserplatte der Mauer. Man drückt den Nagel so tief ein, daß man sein anderes Ende in die andere Seite des Fensters pressen kann. Bei Holzbauweise sind die Nägel während des Aufbaues bereits einzusetzen.

48
Untergeschoß –
Rohbau, Träger für
Stiegenpodest
eingelassen

49
Gebäuderohbau bis
zum Dachstuhl

50 *Heimatliches Nebengebäude mit verzierter Balkonverkleidung*

Man bohrt durch den Tram über der Fensteröffnung in den notwendigen Abständen Löcher und steckt in diese die stärkeren Nägel ohne Abzwicken des Kopfes hinein. Dann kann wieder weitergearbeitet werden.

Man kann natürlich dem Stall noch andere kleine Zutaten geben, so z. B. im Inneren oder an der Außenwand eine kleine *Heuraufe*. Für sie schneiden wir aus dünnen Brettchen zwei Seitenteile von dieser Form:

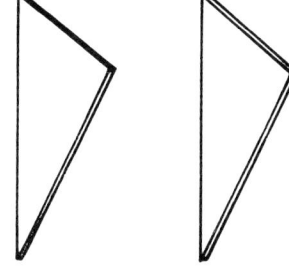

Zwischen diese Teile leimen wir oben und unten zwei dünne Leistchen und hinten eine Rückwand. Vom oberen zum unteren Leistchen führen wir im Abstand von zirka 2 bis 3 mm dünne Sparren, für die wir runde Zahnstocher verwenden. Beim Leimen sind wir vorsichtig, denn anschließend wird braun gebeizt. Wenn wir diese kleine Futterraufe mit feinem Heu (Rasenschnitt) füllen, so sieht das sehr nett aus.

Zum Stall gehört auch ein *Misthaufen*. Wir schlagen dafür in das Grundbrett Pfosten ein, in welche wir Brettchen senkrecht einklemmen (siehe Farbfoto Abb. 4). Zum Herstellen des Mistes verwenden wir braune Pulverfarbe, die wir mit dickflüssigem Leim anmachen. In diese Mixtur rühren wir entweder Lärchennadeln oder geschnittenes Heu ein. Sind Nadeln oder Heu mit Farbe richtig benetzt, drücken wir diese Masse in die Einzäunung des Misthaufens. Um das Ganze natürlich erscheinen zu lassen, legen wir noch in die Schräge ein Brettchen als Auffahrt. Nach

dem Trocknen wird die Farbe stumpf. Um dem Mist ein frisches Aussehen zu geben, können wir ein paar Tropfen vom Gießharz, welches wir für Brunnen und Bäche verwenden, daraufgeben. Das ergibt dann den Glanz. Man kann auch Uhu verwenden.

Backöfen

Zu den Zubauten der heimatlichen Krippe gehören z. B. auch die Backöfen. Einen davon, der besonders einfach und urig wirkt, wollen wir Ihnen beschreiben. Er sollte etwas seitlich des Hauptgebäudes aufgestellt werden, wie es ja auch in der Natur der Fall ist.

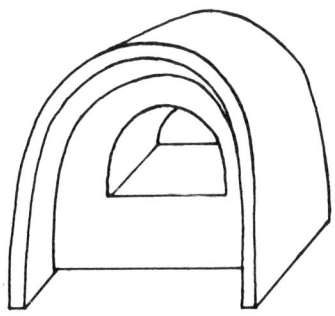

Man beginnt mit dem ringförmigen Ausschneiden von Weichfaserplatten von zirka 2 cm Stärke. Wir brauchen 3 bis 4 Ringe, die wir aneinandersetzen, sodaß sie das Gewölbe ergeben. Sodann schneiden wir 3 bis 4 Platten aus, die die Außenmaße der verleimten Ringe haben. Die Öffnung für den Backofen schneiden wir entweder mit dem Messer aus oder feilen sie mit einer Raspel. Die letzte Platte wird als Rückwand verwendet, ohne Ofenaushöhlung. Es wird verleimt und verputzt. Bitte bedenken Sie, daß ein Backofen keinen Kamin hat, da dort die Wärme entweichen könnte. Um echten Ruß vorzutäuschen, schwärzen wir die Öffnung des Backofens mit einer Kerze.

Sehr natürlich schaut es aus, wenn vor dem Backofen ein paar kleine Holzscheite liegen und/oder eine kleine Schaufel, wie man sie eben beim Brotbacken verwendet. Die Schaufel schnitzt man sehr zierlich, damit sie sich den übrigen Proportionen anpaßt.

Zäune

Will man bei einer größeren Krippe Wiesen oder teilweise Wege ab- und eingrenzen, so kann man dies mit Zäunen erreichen. Hier einige Beispiele (Abb. 51, 52).

51 *Links: Mit Pfosten und Brettern gefertigter Zaun*
   Rechts: Mit Ästen gefertigter Zaun

52 *Links: Einfacher Bretterzaun*
   Rechts: Einfacher Zaun mit schräggestellten Brettern

Bau von Schneekrippen

In verschiedenen Krippenlandschaften, vor allem des deutschen und österreichischen Raumes, gibt es noch eine weitere Art, die gleichfalls ihre Liebhaber findet, und das ist die Schneekrippe. Sie wird besonders dort, wo sich kleine Kinder im Haushalt befinden, gern gebaut, da erfahrungsgemäß Kinder die Krippe gern mit Weihnachten, Winter, Schnee usw. in Verbindung bringen und großen Spaß an eben dieser Krippendarstellung finden.

Die Schneekrippe unterscheidet sich nur in einigen, ganz bestimmten Punkten von der heimatlichen Krippe, weshalb wir Sie bitten, in diesem Kapitel nachschlagen zu wollen. Die wesentlichsten Unterschiede wollen wir aber nun miteinander herausarbeiten.

Gebäude

Bis zum Abdecken des Dachstuhles mit Holzbrettchen oder Spanplatten werden die Gebäude der Schneekrippe gleich gemacht wie die der heimatlichen Krippe. Dann hat man sich zu entscheiden, welchen Teil des Daches man von Schnee freiläßt; diesen deckt man mit Dachziegeln, Schindeln oder Stroh ein. Für den mit Schnee zu bedeckenden Dachteil schneidet man sich aus Hartstyropor von 30 bis 50 mm Stärke eine Platte zu, die 10 bis 30 mm größer ist als die Dachfläche. Diese Platte wird auf den mit Schnee zu bedeckenden Teil des Daches so aufgelegt, daß sie unten und seitlich etwas vorsteht, was der natürlichen Schneebewegung auf der Dachschräge entspricht. Die Fläche wird auf dem Styropor angezeichnet, mit scharfem Messer etwas ausgehöhlt und die Außenkanten abgerundet. Am Dachgiebel werden die beiden Platten (für jede Dachhälfte eine) keilförmig geschnitten und zusammengeklebt, wozu

man Tischler-(Kalt-)Leim verwendet, ebenso wie für das Aufsetzen des Schnees auf die Dachfläche. Da in der Natur der überhängende Schnee niemals mit harter Kante abschließt, schmilzt man mit der Lötlampe vorsichtig die Außenränder an. „Vorsichtig" sagen wir deshalb, weil bei zu raschem und intensivem Abschmelzen des Styropors unschöne Stellen entstehen können, die später schwer zu beseitigen sind. Unglückseligerweise ausgebrochene Styroporteile werden durch Hineinstreichen von Verstreichmasse (siehe das entsprechende Kapitel) ausgebessert. Man kann dafür auch Moltofill verwenden.

Hat alles ein gefälliges Gesicht, glättet man das Ganze erst mit mittelfeinem, dann mit ganz feinem Schleifpapier (Finish). Die Seiten können nochmals abgerundet werden.

Gelände

Dieses baut man gleich wie bei der heimatlichen Krippe. Wir bitten Sie, in dem Kapitel „Bau des Geländes" nachschlagen zu wollen. Folgende feine Unterschiede gibt es bei der Schneekrippe zu beachten: Freies Gelände wird nicht absolut felsig gestaltet, sondern abgerundet. Für Erhebungen im Gelände verwendet man wieder Hartstyropor oder Stücke von Weichfaserplatten. Felsigen Charakter gibt man nur steilabfallenden Hängen und ausgetretenen Treppenstufen. Nach dem Bauen des Geländes wird mit Verstreichmasse verkittet und sorgfältig geglättet.

Fassen

Gleich wie bei der heimatlichen Krippe werden zunächst einmal gemauerte Teile, das Gelände und jene Teile mit weißer Dispersionsfarbe grundiert, die

Schnee darstellen sollen. Bitte Vorsicht bei dieser Arbeit! Wird die Farbe mit einem Arbeitsgang und zu dick aufgetragen, besteht die Gefahr des Reißens, ebenso dann, wenn die bis dahin fertiggestellte Krippe zu hoher Temperatur ausgesetzt wird. Besser ist es, man grundiert zwei- bis dreimal und sehr dünn. Zwischen den einzelnen Arbeitsgängen läßt man gut trocknen. Wenn die Grundierung restlos durchgetrocknet ist, beginnt man mit dem eigentlichen Fassen. Dazu benötigt man Kreidepulverfarben der folgenden Töne: Umbra natur, Umbra gebrannt, Siena, Schwarz und Blau.

Die gemauerten Gebäudeteile, Wege und unter dem Schnee sichtbaren Felspartien fassen wir, wie im Kapitel „Krippenbergfassen, Krippenbergmalen" beschrieben. Nach Beendigung dieser Arbeit werden die gemachten Farbausläufer nochmals mit weißer Dispersionsfarbe retuschiert. Im Gelände verstreut stehende Bäume und Sträucher werden auf der Oberseite stellenweise mit dicker weißer Dispersionsfarbe betupft. Um den Schnee in natürlicher Farbe erscheinen zu lassen, macht man sich eine stark wässerige lichtblaue Farbe an, die man mit einem weichen Schwamm oder einem Baumwolltrikottuch leicht schimmernd und lasierend aufträgt.

Eiszapfen

Besonders liebevoll ausgestaltet schaut ein rustikales Dach aus, von dem Eiszapfen herunterhängen, aber bitte nicht einer allein, denn das ist auch in der Natur der Ausnahmezustand, sondern gleich mehrere und die in verschiedenen Längen. Nun, wie macht man „Eiszapfen"? Am besten hat es sich noch immer bewährt, man wendet sich an den technischen Laborhandel, der Rundglasstangen in den verschiedensten Abmessungen vertreibt. Dabei gibt es ganz feine von 2 bis 3 mm Stärke. Die sind die besten „Eiszapfen-Lieferanten". Man erhitzt so ein Stengelchen mit der Lötlampe an einem Punkt und zieht die beiden Enden so auseinander, bis der Glasfaden reißt. Bitte arbeiten Sie nur mit Zangen, da Glas sehr heiß werden kann.

An den Stellen des am Dach überhängenden Schnees, die am tiefsten liegen, macht man mit einem Nagel oder dem Spitzbohrer Löcher und klebt die winzigen Eiszapfen mit Tischlerleim hinein. Wie gesagt, kleinere und größere in lebendiger Mischung! So eine winterliche Schneekrippe kann sehr originell und liebevoll gestaltet aussehen, nur gilt für sie dasselbe wie für alle anderen Krippen: Kitsch muß unter allen Umständen vermieden werden!

Bau von Stilkrippen

Stilkrippen sind diejenigen Krippen, die sich nicht in das Schema der drei Hauptgruppen eingliedern lassen. Sie sind, da sie über keinerlei Gelände verfügen, meist ohne großen Arbeits- und Materialaufwand gemacht. Eine Stilkrippe ist im wesentlichen eine plastische Umrahmung der Geburtsgruppe und stellt weiter keine großen Ansprüche an die Gestaltungskraft des Krippenbauers. In den meisten Fällen ist es damit getan, eine möglichst schön geformte Wurzel oder ein Rindenstück in aufrechter oder leicht schräger Stellung auf einem kleinen Grundbrett zu befestigen. Natürlich kann man auch, wie unsere Abb. 53 zeigt, ein kleines, brunnenähnliches Bauwerk errichten, vor welches man die Figuren – meist handelt es sich nur um die Zentralgestalten – stellt. So eine Krippe kann man z. B. bauen, wenn man über einige schöne Figuren verfügt und diese in ihrer Ausdruckskraft betonen möchte.

In der Ausformung von Stilkrippen ist der Fantasie so gut wie keine Grenze gesetzt, solange man die des guten Geschmacks nicht überschreitet.

53   Stilkrippe

84

Bau des Geländes

Wir haben schon ausführlich davon gehört, daß dem Grundbrett und den verschiedenen Podesten eine große Bedeutung zukommen. Die Podeste, deren Fluchtlinien sich überschneiden sollten, ergeben mit dem Grundbrett den Unterbau des Geländes, d. h., das Gelände ist nur so strukturiert, wie sich die Stufen über dem Grundbrett erheben. Das kann sein in einer ungebrochenen erhöhten Plattform, zu der z. B. eine breite Rampe, ein Weg hinaufführen, es kann aber auch ein reich strukturiertes Gelände mit allerlei Erhebungen, Vertiefungen usw. sein (siehe Abb. 42, 46, 54 bis 56). Bei aller Strukturierung aber darf man eines nicht vergessen: Es müssen genügend ebene Flächen vorhanden sein, auf welche man die Figuren stellen kann.

Um das Gelände bei heimatlichen Krippen naturgetreu erscheinen zu lassen, arbeiten wir sehr viel mit Lärchenrinde, halbverwitterten Wurzeln (Buche) und Brocken von Weichfaserplatten, die wir als senkrechte Abschlüsse zwischen den einzelnen Podesten anbringen. Diese Stücke müssen so angeordnet sein, daß keine größeren Lücken entstehen. Deshalb unser Rat: Wenn Sie mit Rinden arbeiten, legen Sie sich einen größeren Vorrat an, dem Sie lange, kurze, dicke, dünne, glatte und weniger glatte Brocken entnehmen können.

Damit sie genügend festhalten, leimt und nagelt man diese Stücke mit langen Nägeln fest, wobei es nicht wesentlich ist, daß zuerst die Nagelkuppen sichtbar sind. Die Nagelköpfe müssen auf jeden Fall mit Verstreich- oder Kittmasse abgedeckt werden, da ansonsten bei der Grundierung mit Dispersionsfarbe die Köpfe rosten würden und nicht zu retuschierende Flecken entstehen.

Für Wege und Stufen verwenden wir Reste von Weichfaserplatten, die dann am natürlichsten erscheinen, wenn man sie nicht schneidet, sondern bricht. Auch die Kanten werden gebrochen.

Der Rand des Grundbrettes wird gleichfalls mit Rindenstücken besetzt. Ein Tip zur Bearbeitung: Wenn man so einen Brocken niedriger machen will, schlägt man in schräger Richtung mit dem Hammer dagegen; wenn der Brocken dünner ist, kann man ihn mit der Zwickzange bearbeiten.

Wenn der Rohbau des Geländes fertiggestellt ist, verkitten wir alle Fugen mit Verstreichmasse in der Art, daß natürliche Übergänge entstehen. In den meisten Fällen werden auch die ebenen Flächen der Podeste mit Verstreichmasse bedeckt, was am besten mit einem Stukkaturspachtel geschieht.

Auch das Gelände der orientalischen Krippe, bei welcher nicht so viel mit Rinde gearbeitet wird, wird mit Verstreichmasse behandelt, die man unter Umständen mit Schleifmehl mischen muß.

In Gegenden, in denen es unmöglich ist, an Lärchenrinde heranzukommen – z. B. in Großstädten –, verwenden wir zum Geländebau Isolierstyropor, und zwar nicht das normale weiße, sondern das stark verdichtete, das weit weniger Luftzwischenräume aufweist, oder feinmaschiges Hasengitter. Im ersten Fall wird das Styropor gebrochen, so daß es strukturiert erscheint, und als Stein- und Felsenersatz gebraucht werden kann.

Bei sehr großformatigen Krippenbergen muß man sehr auf das Gesamtgewicht achten; man wird daher statt mit Rinden mit feinmaschigem Hasengitter arbeiten. Darüber haben wir schon in dem Kapitel „Bau einer Höhlen- oder Wurzelkrippe" gehört, weshalb wir Sie bitten, dort nachzuschlagen. Beim Bau des Geländes mit Hasengitter ist es zusätzlich

54 *Heimatliche Krippe, Gelände in zwei Ebenen mit Auffahrtsweg*

55 *Heimatliche Krippe, Gelände in zwei Ebenen mit steil abfallenden Böschungen; vorne neben Weg Ausschnitt für*
Beleuchtungseinbau

56 *Orientalischer Geländeteil, Felsen in Wurzelstöcken, Niveauausgleich mit geschnitzten Steinwänden; Mauerteil mit Bogen aus Lärchenholz geschnitzt*

wichtig, um Verformungen zu vermeiden, kleine Verstrebungen im Inneren anzubringen. Wir können auch die Papierstücke, von welchen bei den Höhlenkrippen die Rede war, größer halten, sie durch die Verstreichmasse ziehen und sie überlappend auf den Hasengitter-Unterbau auflegen.

Wir lassen das Gelände gut trocknen, wobei wir während dieses Prozesses öfter mit den Händen nachformen. Vorsicht beim Trocknen! Zu rasche Hitzeeinwirkung (Heizung, Sonne, Föhn) kann ein Reißen und Springen zur Folge haben. Sollten sich trotzdem Risse bilden, so verkitten Sie diese.

Früher hat man in Ermangelung der heutigen modernen Materialien das Gelände aus Leinen geformt, das man in Leim getränkt hat. Dieses Verfahren hat sich nicht bewährt, da die Stoff-Fasern nach einigen Jahren brüchig werden und am Gelände überall Risse entstehen.

Bau von verschiedenen Brunnen und Brücken

Brunnen

Wenn man die Ausschmückungen der Krippe betrachtet, also die liebenswerten kleinen Stücke, die den Berg beleben, so kommen den Brunnen die größte Bedeutung zu. Ein Brunnen, in den Vordergrund geschoben, und von entsprechender Größe, kann dem Geschehen Tiefe geben, desgleichen ein entsprechend kleines Stück im Hintergrund. Da aber die Herstellung eines wirklich guten Brunnens relativ viel Arbeit ist, wird man ihn wohl eher im Vorder- als im Hintergrund postieren. Davon ausgenommen sind die *Brunnentröge der heimatlichen Krippe*, die im Krippenbau ebenso einfach gemacht werden wie in Wirklichkeit, nämlich durch Aushöhlen eines Baumstammes von entsprechender Länge.

Weit anspruchsvoller sind die *Brunnen der orientalischen Krippe*, denen wir deshalb auch einen breiteren Raum in unseren Ausführungen geben wollen.

Da wäre zunächst einmal eine kleine *Zisterne* (siehe Zeichnung), wie man sie im Orient antrifft, mit einem Dach versehen. Sie ist nicht schwierig zu machen. Um sie zu bauen, benötigen wir eine Papprolle, von der wir ein entsprechendes Stück abschneiden. Dieses wird zum Teil mit Ziegeln aus Filz oder Rinde beklebt, zum Teil verputzt. Den oberen Rand bilden „Steinplatten", die man aus Spanplatten, Rinde oder Filz entsprechend der Rundung zuschneidet. Die Innenseite muß äußerst sorgfältig verputzt werden, und zwar so, daß wir das künstliche Wasser eingießen können, ohne Gefahr zu laufen, daß das Material vor dem Hartwerden bei irgendeiner porösen Stelle ausrinnen kann.

Zu beiden Seiten der Papprolle kleben und nageln wir zwei senkrechte Vierkanthölzer an, die am oberen Ende zwecks Verstrebung zugeschnitten werden,

Zisterne

so daß sie das Dach tragen können. Dieses besteht aus dünnen Sperrholz- oder Spanplatten, die in Lagen mit Wellpappe beklebt sind. Eine Giebelleiste bildet den Abschluß. Ein Stück unterhalb der Verstrebung bohrt man größere Löcher in die Vierkanthölzer, durch die die herausstehenden Enden der Kurbelwelle gesteckt werden. Diese besteht aus einem Stück einer runden Holzstange (Grillspieß, Matadorstangen usw.), über die das kleine Seil geschlungen wird, das den winzigen Wassereimer in die Tiefe läßt.

Wenn alles fertig ist, geben wir der Zisterne die entsprechende farbige Fassung (siehe „Krippenbergfassen").

58
Dem schrägen Grundbrett angepaßter
Patrizierbrunnen, auf Rohgerüst
aufgeklebte Lärchenziegel

*Verschiedene Vorschläge
für
orientalische Brunnen*

Eine ähnliche *Zisterne,* die ohne Papprolle gearbeitet wurde, zeigt unsere Abb. 57. Sie ist etwas kniffliger zu machen, besteht sie doch nur aus zugeschnittenen Rindenstückchen, die entsprechend neben- und aufeinander gesetzt werden. Bei dieser Art des Aufbaues ist das Abdichten mit Verstreichmasse besonders wichtig.

Eine weitere sehr hübsche Brunnenart ist der sogenannte *Patrizierbrunnen,* wie ihn unsere Abb. 58 zeigt. Für seine Rückwand setzen wir zwei gleich große Span- oder Weichfaserplatten aufeinander, deren vordere bogenförmig ausgeschnitten ist. Die Umrandung des Bogens wird ziegelartig aus Filz, Styropor oder Rindenstückchen gebildet. Der eigentliche Brunnen besteht aus Weichfaserplatten, die mit zugeschnittenen Rinden- oder Holzstückchen beklebt sind. Auch die Abdeckung machen wir aus demselben Material. In die entsprechend zugeschnittenen Kanthölzer bohren wir oben je ein größeres Loch, durch welches die Kurbelwelle gesteckt wird. Für diese verwenden wir einen Schaschlik- oder

Wurstspieß. An einem Ende befestigen wir eine Kurbel, mit der man den kleinen Eimer in den Brunnen hinunterlassen kann. Für das Dach verwendet man Stroh, Schindeln oder Wellpappe. Dieser sehr dekorative Brunnen kann mehr oder weniger frei stehen oder aber an die Stadtmauer angebaut sein.

Brücken

Wenn man plant, eine *Brücke* in das Gelände zu integrieren, muß dieses entsprechend geformt sein, d. h. es muß zumindest an dieser Stelle so hoch aufgebaut sein, daß ein Bachbett bzw. eine kleine Felsenkluft angelegt werden kann. Dieses Gelände kann am besten durch Lärchenrinden dargestellt sein, die so angeordnet sein müssen, daß sie nicht nur das schon erwähnte Bachbett zwischen sich bilden, sondern einen Weg im Winkel zum Bach hin, der eine Brücke als logisch erscheinen läßt.

Für die kleine *Bohlenbrücke* unserer Abb. 59 haben wir Fichten- und Haselnußästchen als Rundhölzer verwendet. Als erstes legt man die beiden Grundbal-

59
Bohlenbrücke

60
Brücke aus
Vierkanthölzern

ken, die den Bach überspannen, und darüber kleine Bohlen, die gleichfalls aus Fichten- oder Haselnuß- zweiglein gebildet werden. Diese kann man, wenn man will, auch der Länge nach spalten. Um das kleine, aus demselben Material bestehende Geländer zu tragen, montieren wir auf einer Seite der Brücke je einen kleinen Ast, der eine Gabelung dort auf- weist, wo man sinngemäß das Geländer einlegt.

Ebenso einfach ist die *Kantholzbrücke* zu bauen (siehe Abb. 60). Wir setzen zu beiden Seiten des Bachbettes senkrechte Kanthölzer ein, zwischen wel- che wir andere Kanthölzer waagrecht verlegen, die durch einen Mittelpfosten gestützt sein können. Die beiden Mittelpfosten der beiden Geländer sind durch eine Querlatte unterhalb des Bodens der Brücke ver- bunden. Der Brückenboden besteht aus nebeneinan- der verlegten dünnen Brettchen.

Die beiden erwähnten Brücken eignen sich vom Typ her für die heimatliche Krippe, während die *Bogen- brücke* auch in einer orientalischen Krippe Aufstel- lung finden kann. Sie ist auf unserem Farbbild III zu sehen.

Über das Bachbett spannen sich zwei Bögen, die ent- weder aus Weichfaserplatten, aus Rinde oder Styro- por gebildet sein können. Zur Ausgestaltung mit Zie- geln oder Quadern oder Backsteinen gibt es zwei Verfahren:

entweder man schneidet das Innere etwas kleiner als gewünscht zu und beklebt es mit zugeschnittenen Rin- den- oder Styroporstückchen, oder man schneidet mit Geißfuß, Kerbschnitt- oder Schnitzmesser Rillen in das Material, so daß die Oberfläche wie aus Ziegeln geformt erscheint.

Wie auch immer: auf eines muß geachtet werden: im Bogen laufen die Ziegel so, daß sie die Last des Bogens logischerweise tragen können, also keilför- mig. Alle übrigen Ziegel müssen waagrecht und im Verbund verlaufen, wie Sie es aus unserer Zeichnung ersehen.

Zwischen den beiden Bogen spannt sich der Weg über den Bach. Für diese Fahrbahn verwenden wir am besten ein leicht gebogenes Stück Karton. Die Wölbung jedenfalls muß als logisch erscheinen. Für die Abdeckplatten der Mauer kann man Lärchen- rinde-, Styropor- oder Weichfaserplattenstückchen verwenden, die man in größeren flachen Stücken auf- legt, und die wie Steinplatten wirken sollen.

Überdachte Brücke

Kantholzbrücke

Einfache Bohlenbrücke

Das Beizen des Holzes

Bestimmte Stellen unserer Krippe sind verputzt, andere hingegen bestehen aus rohem Holz. Um dieses den in der Natur entsprechenden Farbtönen anzugleichen, beizen wir es. Dabei müssen wir folgendes beachten: Um die Beizfarbe naturgetreu erscheinen zu lassen, müssen wir alles, was der „Wetterseite" ausgesetzt ist, konsequent in grauem, verwittert wirkendem Farbton halten. Die der Wetterseite entgegengesetzten Seiten sollten dagegen eher bräunlich wirken.

Für die Beizfarbe rühren wir uns stark verdünnte schwarze Tusche, vermischt mit etwas Nußbeize an. Man kann statt schwarzer Tusche auch graue Holzbeize verwenden. Das Ausmaß des Nußbeiz-Zusatzes bestimmt den mehr oder weniger bräunlichen Ton. Auf jeden Fall sollte man immer eine Probe machen, da zu farbintensive Beize, einmal aufgetragen, nur schwer wieder zu entfernen ist. Wenn der Fehler aber doch einmal passieren sollte und ein Holzteil zu braun oder zu dunkel ist, kann man die Sache noch retten, indem man das Stück mit verdünntem Salmiak behandelt und gut trocknen läßt.

Ist die Beize gut durchgetrocknet, geben wir dem Ganzen noch einen alten Charakter. Wir tauchen die Spitze eines Borstenpinsels in weiße Dispersionsfarbe, streifen diese auf einem Papier gut aus, bis fast keine Farbe mehr abgeht, und fahren in Holzquerrichtung leicht über das Holz, so daß ein heller Schimmer entsteht. Am besten machen wir eine Probe auf einem vorbereiteten Holzstück. Allfällige kleine Arbeitsgeräte sollten, um naturgetreu zu wirken, gräulich gebeizt sein.

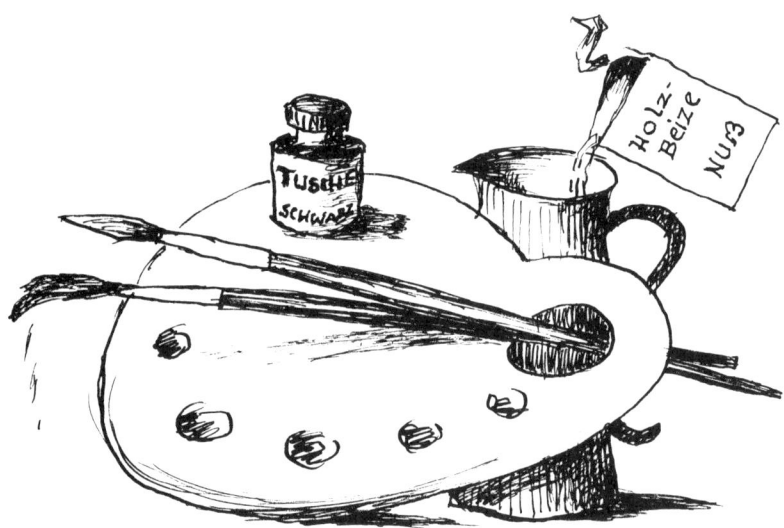

Das Krippenbergfassen – Krippenbergmalen

Mit voller Absicht setzen wir hier die beiden Ausdrücke nebeneinander. In der Fachsprache heißt es „fassen", was jedoch nicht jedermann geläufig ist. Zum besseren Verständnis setzen wir daher den Ausdruck „malen" hinterher.

Bevor man ans Fassen geht, müssen einige Dinge geschehen. So wird man darauf achten müssen, daß die gesamte Krippe, also sowohl die Gebäude wie auch das Gelände frei von Staub, kleinen Holzteilchen usw. sind. Man kann sich dabei des Staubsaugers bedienen, dem man die entsprechende kleine Saugdüsenbürste aufsetzt. Eine weitere Vorbereitungsarbeit ist das Vorgrundieren der Styroporteile mit Leimwasser, damit die Grundierung besser hält.

Die *Grundierung* selbst wird mit weißer Dispersionsfarbe ausgeführt, die man mit breitem Pinsel (am besten eignen sich die geknickten Heizkörperpinsel) sehr gleichmäßig aufträgt. Das bedeutet, daß vor allem Lackenbildung vermieden werden muß. Man grundiert sämtliche Bauteile, die nicht gerade aus (gebeiztem) Holz bestehen, und das gesamte Gelände. Einige Stunden lang trägt unsere Krippe also ein sehr merkwürdiges Gesicht: ein alles nivellierendes Weiß. Aber lassen Sie sich nicht täuschen – gleich nach Abschluß der Faßmalerei bekommt Ihre Krippe das ihr zustehende Gesicht.

Die weiße Grundierungsfarbe muß total durchgetrocknet sein (mindestens 24 Stunden bei normaler Zimmertemperatur), also auch in den Vertiefungen, ehe man an den nächsten Arbeitsgang herantritt.

Für diesen benötigen wir Kreidepulverfarben in folgenden Farbtönen: Weiß, Schwarz, Ocker, Gelb, Siena, Umbra natur, Umbra gebrannt, Kalkgrün und Ziegelrot. Weiters brauchen wir Pinsel in verschiedenen Stärken, Leim, Baumwolltrikot-Tücher, einen weichen Schwamm und genügende Mengen Wasser.

Fassen der orientalischen Krippe
Nachdem im Orient allgemein Erdfarben vorherrschen, halten wir unsere Krippe in weichen Tönen wie ocker, umbra natur und umbra gebrannt.

Wir rühren uns aus obigen Pulverfarben und Leimwasser im Verhältnis 1 : 10 eine Art Beize an. Mit dieser wäßrigen Lösung bestreichen wir zunächst probeweise eine dem Blick abgewandte Stelle. Gefällt uns der Farbton, können wir mit der eigentlichen Arbeit beginnen. Nun wird der komplette Krippenberg in einzelnen Partien mit dieser Beize angemalt, so daß keine Grundfarbe mehr sichtbar ist. Diese Beize lassen wir etwas antrocknen. Um die Schattierungen Hell bis Dunkel zu erreichen, nehmen wir ein Gefäß mit kaltem Wasser und einen weichen Schwamm. Mit diesem wischen wir bei den Erhöhungen die Beize so weit weg, daß sich das Gelände aufhellt. Der Schwamm ist sehr oft auszuwaschen, da ansonsten die Farbe verschmiert wird. Schmutziges Wasser wechseln wir.

Haben wir auf dem ganzen Gelände und den Gebäuden die gewünschte Helligkeit, so können wir mit den Farbschattierungen beginnen. Wir geben obige Farben auf ein nicht saugendes Brett oder einen Plastikteller. Außerdem benötigen wir Wasser oder Perlleim-Wasser. Nun wird mit einem Pinsel an Mauerwerken etwas mit Siena oder Umbra gebrannt usw. eine Ziegelfarbe aufgetragen. Ist diese zu intensiv, retuschieren wir mit dem nassen Schwamm. Desgleichen verfahren wir mit Schwarz bzw. Grün auf dem Gelände. Geübte Faßmaler arbeiten gewöhnlich mit zwei Händen zu gleicher Zeit: Die eine trägt mit dem

Pinsel die Farbe auf, die andere wischt mit dem Schwamm ab. Durch das rasche Abwischen ohne vorheriges Auftrocknen nimmt man natürlich mehr Farbe weg – das muß vorher berücksichtigt werden. Wenn alles trocken ist, kann man mit feinem Pinsel besondere Stellen hervorheben, z. B. mit einem rötlichen oder grünlichen Farbton. Wenn die Fassung trocken ist, kann man mit einem Pinsel, der sehr zart in weiße Farbe getaucht wurde, fein darüberfahren, was dem Ganzen einen alten Ausdruck gibt.

Um eine gewisse Patina zu erreichen, können wir mit Benzin verdünntes flüssiges weißes Bodenwachs oder weißes Bienenwachs auftragen. Mit diesem wird die trockene Krippe komplett überstrichen.

Es gibt geübte Faßmaler, die davon Abstand nehmen, sich eine fertige Lösung vorzubereiten, sondern die ganz anders vorgehen. Sie streuen sich auf eine nicht saugende Platte, Schüssel oder dergleichen Häufchen der entsprechenden Kreidepulverfarben. Daneben stellen sie ein Gefäß mit kaltem Wasser. Nun fahren sie mit dem nassen Pinsel immer zuerst in die schwarze Farbe und bestreichen eine kleine Partie der Krippe, also z. B. einen Teil der Höhle, ziemlich intensiv mit dieser Lösung. Die zweite Hand hält ein weiches Baumwolltrikot-Tuch, das sofort die überschüssige Farbe wegwischt. Solange die entsprechende Partie noch feucht ist, trägt man eine zweite Farbe auf bestimmte Stellen auf, also z. B. das grünliche Umbra natur. Man wischt wieder weg. Dann folgt ein mehr rötlicher Ton wie z. B. Umbra gebrannt usw. so lange, bis der Felsen der Höhle eine naturgetreue Farbgebung hat. Wichtig bei dieser Technik ist, nur kleinere Flächen in Angriff zu nehmen, da sich nur feuchte Farbe wegwischen läßt.

Eine andere, ganz spezielle Technik, die gleichfalls in der orientalischen Krippe Anwendung finden kann, ist das *Marmorieren*, wobei es sich besonders um Säulen handelt. Diese wirken sehr echt, wenn man

die Marmorierung ausführt wie folgt: Man grundiert mit weißer Dispersionsfarbe und rührt sich in kleinen Schüsselchen rötliche und blaugraue Farbe recht dünnflüssig an, fährt mit einer Hühnerfeder in die Farbe hinein und bringt sie damit auf die Säule in einer Art, die, wenn sie geschickt ausgeführt ist, durchaus nach Marmor aussehen kann. Wichtig dabei ist, daß die weiße Dispersionsfarbe noch feucht ist, so daß sich die harten Konturen verwischen.

Fassen der heimatlichen Krippe
Hier herrschen nicht Erdfarben vor, sondern ein stumpfes Grau oder Graugrün. Wir verwenden in der Hauptsache die Farbtöne Umbra natur und Umbra gebrannt sowie Schwarz. Auch hier stellen wir uns eine Farblösung her und arbeiten, wie vorher beschrieben. Die Mauern der Bauwerke werden auf jeden Fall sofort gewischt, damit sie nur schmutzig wirken. Mauersockel wirken sehr gut, wenn sie leicht grünlich gefaßt sind. Für das Gelände benötigt man mehrere Farbtöne, von Schwarz bis Umbra natur und Umbra gebrannt.

Eine andere Methode, heimatliche Krippen zu fassen, ist diese: Man grundiert nicht mit weißer, sondern mit hellgrauer Dispersionsfarbe. Zur endgültigen farblichen Fassung verwendet man dann lediglich Umbra natur und etwas Schwarz. Das Gelände, das so gefaßt wurde, sieht sehr nach „Felsen" aus.

Bei der gesamten Faßmalerei ist es wichtig, zu bedenken, daß in der Natur Steine und Felsen eine andere Farbe haben als z. B. Hausmauern oder Wege. Bei der Farbgebung muß man darauf Rücksicht nehmen, sonst wirkt die ganze Krippe zu gleichförmig. Bestimmte Gegenstände können auch farblich hervortreten. Auf jeden Fall muß man trachten, der Natur entsprechend zu arbeiten.

Zum Erreichen der Patina verwenden wir wieder Wachs, wie schon bei der Faßmalerei der orientalischen Krippe angegeben.

Das Streumaterial

Dem Streumaterial kommt beim Krippenbergbauen mehr Bedeutung zu, als man auf den ersten Anhieb vermuten würde, sind doch relativ große Flächen von diesem Material bedeckt. Ein zu grell grün gefärbtes Wiesenstreu kann den ganzen ansonsten vielleicht recht künstlerischen und gefälligen Gesamteindruck der Krippe zerstören und zunichte machen. Auch dem Farbton, den die Wege aufweisen, kommt einige Bedeutung zu. Mit diesem Material wollen wir uns zuerst befassen.

Wegstreumaterial
Für heimatliche Krippen verwendet man am besten fein gesiebten grauen oder bräunlichen Sand, wie man ihn an Wegrändern, Bach- und Flußbetten findet. Man kann auch den viel helleren Meeressand zur Anwendung bringen, den man sich von gelegentlichen Urlaubsreisen mitbringt. Ist gar keine Möglichkeit vorhanden, zu irgendeinem Sand zu kommen, kann man sich Sägemehl besorgen, dieses grau färben und in der Kaffeemühle fein mahlen. Für orientalische Krippen bevorzugen die meisten Krippenbauer rötlichen Sand, weil dieser sich besser den Erdfarben anpaßt, oder helles Säge- oder Schleifmehl, das man sich vom Tischler besorgt.

Wiesenstreumaterial
Bei diesem haben wir verschiedene Möglichkeiten, die jedoch alle eines gemeinsam haben: grelle Töne müssen unter allen Umständen vermieden werden. Der ideale Farbton ist ein weiches, ins Ockerfarbene – Bräunliche gehende Grün.
a) Die billigste und einfachste Möglichkeit ist die Verwendung von Moos, wobei man zu unterscheiden hat zwischen dem flach auf den Steinen aufliegenden Steinmoos, das man in Form kleinerer oder größerer Platten abhebt, oder den „Köpfen" des hohen Mooses, die man gleich im Wald draußen mit der Schere abschneidet, gut trocknet und daheim mit dem Wiegemesser zerkleinert oder in der elektrischen Kaffeemühle mahlt, wobei man darauf achten muß, daß das Streu nicht pulverförmig und damit zu fein wird.

Der Nachteil des Mooses soll nicht verschwiegen werden: nach zirka zwei Jahren verliert es seine schöne, naturgrüne Farbe, bleicht aus und wird bräunlich und unansehnlich. Viele Krippenbauer streuen deshalb gleich von vornherein jedes Jahr neues gewiegtes Moos auf ihre „Wiesen". Das alte Moos kann man mit der feinsten Saugdüse eines Staubsaugers entfernen.

b) Die zweite und auch ganz billige Möglichkeit ist die Verwendung von Sägemehl, welches man entweder mit Holzbeizen, die man nach Vorschrift mit Wasser oder mit Spiritus anrührt, oder mit Textilfarben einfärbt. Man kann auch ohne weiteres beide Komponenten mischen. Wichtig ist dieses: um den richtigen Farbton zu erreichen, sind gewisse Vorproben notwendig, was einiges an Zeitaufwand mit sich bringt. Gut zu wissen fürs Mischen der einzelnen Töne: Grün, Ocker und Braun ergeben im richtigen Verhältnis den rechten Farbton. Eine genaue Regel kann man nicht aufstellen, da das Sägemehl von verschiedenen Hölzern stammen kann, welche alle unterschiedlich auf das Beimengen der Farbstoffe reagieren. Da gibt's nur eines: experimentieren! Noch etwas ist wichtig: Man löst die Farben der Holzbeizen auf und streut unter Umrühren das Sägemehl so lange hinein, bis dieses die Flüssigkeit total aufgesogen hat. Das Endprodukt darf nicht mehr schwammig sein. Es wird sofort getrocknet, weil die

Helligkeits- und Farbwerte von nassem und trockenem Sägemehl ganz unterschiedlich sind.

Im ganzen gesehen eine „todsichere" Möglichkeit, gutes Wiesenstreu zu erzielen, aber mit einigem Arbeitsaufwand verbunden.

c) Eine dritte Möglichkeit ist die Verwendung von Petersilie. Leider ist es nicht so, daß Sie einfach in den Garten gehen, dieses aromatische Küchenkraut ernten und nach dem Trockenvorgang verwenden können. Nur gefriergetrocknete Petersilie eignet sich als Wiesenstreu, so wie man sie im Handel erhält. Versuchen Sie bitte, statt der kleinen Briefchen, die Ihr Kaufmann feilbietet, im Supermarkt Großpakkungen zu erstehen. Die Petersilie wird mit der Kaffemühle gemahlen oder mit dem Wiegemesser geschnitten.

d) Die vierte Möglichkeit ist die Verwendung von Kunstfaserstreumaterial in reinen Tönen, wie man es auch im Eisenbahnmodellbau verwendet. Wenn Sie sich die drei Farbtöne Dunkelgrün, Dunkelbraun und Gelb besorgen und zu gleichen Teilen mischen, bekommen Sie einen schönen grünen Farbton.

e) Die fünfte Möglichkeit schließlich eröffnet uns das Sortiment der Busch-Eisenbahnstreumaterialien, die bereits in melierten Tönen im Handel sind, leider in den allermeisten Fällen nicht sofort lieferbar. Sie können aber bestellt werden. Die empfehlenswertesten Farbtöne tragen die Nummern 7111 und 7114. Wenn Sie zwei Teile 7114 und einen Teil 7111 zusammenmischen, erhalten Sie einen schönen moosfarbenen Farbton.

Krippenbotanik

Wer sich einmal die Mühe gemacht hat, eine der schönen, uns aus früheren Zeiten überlieferten Krippen genau zu betrachten, wird feststellen, daß den Bäumen, Sträuchern, Kakteen, Wiesen usw. innerhalb des Gesamteindruckes eine große Bedeutung zukommt. Wir wollen alle diese Komponenten unter dem Ausdruck „Krippenbotanik" zusammenfassen. Dazu gehören sowohl diejenigen Pflanzen, die durch wieder andere Pflanzen dargestellt werden, als auch jene, die zum Großteil künstlich hergestellt werden, wie z. B. die Palmen der orientalischen Krippe. Bei den einen wie den anderen kommen den Größenverhältnissen eine entscheidende Bedeutung zu: dadurch, daß wir den Pflanzen des Hintergrundes eine wesentlich kleinere Gestalt geben als denen des Vordergrundes, tragen wir zur Erreichung der erforderlichen Perspektive bei. Außerdem bekommt der Krippenberg durch die Botanik erst den richtigen Ausdruck – er beginnt zu leben. Um eine möglichst naturgetreue Wiedergabe zu gewährleisten, bedienen wir uns, soweit nur möglich, natürlicher Hilfsmittel, nämlich wieder anderer Pflanzen. Um diese aufzuspüren, ist es nötig, mit offenen Augen durch Wald, Au, Wiese und Garten zu gehen und auch bei Bergtouren immer wieder Ausschau nach Brauchbarem zu halten.

Bäume kann man im erforderlichen Miniformat fast nur durch Zusammenbauen eines von einer bestimmten Pflanze, einem bestimmten Baum oder Strauch stammenden Wurzelstückes oder Astes mit mehreren Zweiglein einer anderen Pflanze erzielen. Also, um ein Beispiel zu geben, wir suchen uns eine im Stammdurchmesser starke Wurzel oder verkrüppelte Zwergbuche, die auch Astverzweigungen aufweist.

Auf diese Astverzweigungen können dann verschiedene Arten von Koniferenzweiglein befestigt werden, je nachdem, welchen Laubbaum man nachbilden will.

Wir müssen also einmal im Buchenwald Nachschau halten, einmal in unseren heimischen Gärten. Wie auch immer – es wird von Vorteil sein, sich mit einem genügend großen Vorrat aller möglichen kleinen Stämme, Wurzeln, Ästchen und Stauden einzudecken, damit man dann, wenn's ans Ausgestalten des Krippenberges geht, über Auswahlmöglichkeiten verfügt. Es gibt bestimmte Pflanzen, die sich für unsere Zwecke besonders eignen: Heidelbeerstauden, Berberitze, Erika, Zweige von Buchsbaum, Wurzeln der Föhre, verkrüppelte Jungbuchen, Hirschheiderich, Astilben, verschiedene Farne, Schafgarben und vieles andere mehr.

Alle diese Dinge sammeln wir im Herbst, wenn die Wachstumsperiode abgeschlossen ist und die Pflanzen den Saft eingezogen haben. Die Zweiglein können wir in getrocknetem Zustand ein, maximal zwei Jahre als Begrünung auf unserer Krippe verwenden. Dann sind sie, wenn Nadeln und Blättchen abgefallen sind, zu erneuern. Um die Pflanzenteile für viele Jahre widerstandsfähig zu machen, müssen wir sie präparieren, ehe wir sie verwenden können. Für die angegebene *Präparation* eignen sich allerdings nur holzige Pflanzen. Diese sollte man so rasch wie möglich nach dem Einsammeln präparieren, um ihnen sofort das Wasser zu entziehen. Ist ein sofortiges Einlegen in das erste Bad nicht möglich, so behelfen wir uns zunächst mit gewöhnlichem Wasser.

Zur Konservierung und Präparierung sind zwei aufeinanderfolgende Bäder notwendig:

1. Bad: (Grundmaß)

    4 l Wasser
    $\frac{1}{2}$ l Formalin
    $\frac{1}{2}$ l Glyzerin

In diesem Bad bleiben die Pflanzen 4 bis 5 Tage. Dann nimmt man sie heraus und läßt sie ca. 2 Stunden trocknen.

Vorsicht! Formalindämpfe sind giftig. Es darf daher nur in gut durchlüfteten Räumen gearbeitet und gelagert werden. Vor Kindern und Haustieren schützen!

2. Bad: (Pflanzen in angetrocknetem Zustand einlegen)

    4 l Wasser
    1 l Glyzerin

In diesem Bad verbleiben die Pflanzen ca. 2 Wochen. Nach Ablauf dieser Zeit nimmt man sie heraus und läßt sie gut trocknen.

Da die Blätter meist braun werden, färben wir sie wieder nach. Wir legen die trockenen Pflanzen auf eine Glasplatte und betupfen sie mit dem Farbpinsel. Als Farben können wir entweder Acrylic color oder die amerikanischen Aquatec-Farben verwenden, die in Tuben erhältlich sind. Wir benötigen drei Farbtöne: Chromoxydgrün, Cadmiumgelb hell und Permanentrot hell. Gelb und Rot verwenden wir äußerst sparsam.

In den verschiedenen Ländern werden zum Präparieren der Pflanzen verschiedene Techniken angewendet. Diese wurden von uns nicht geprüft, weshalb wir auf eine Weitergabe verzichten.

Fichten- bzw. Tannenbäume

Um einen Fichten- oder Tannenbaum herstellen zu können, benötigen wir einen Stamm und Äste. Das Natürlichste ist ein Originalstamm eines abgestorbe-nen Fichtenbäumchens in der gewünschten Größe. Es kann aber auch ein gerader Fichtenast Verwendung finden, welchen wir oben an den letzten Zentimetern zuspitzen und beizen. Für die Äste nehmen wir Ästchen von Zierwacholder oder Koniferen, die sich heute in fast jedem Garten finden. Wegen der Haltbarkeit werden sie zunächst präpariert. Die Höhe des Baumes richtet sich nach der Stallhöhe und sollte den First unbedingt überragen. Wir beginnen oben mit den letzten Ästen. Zu beachten ist, daß die Form des Tannen- bzw. Fichtenbaumes ein Kegel ist, wobei die Äste des Tannenbaumes leicht nach oben zeigen und die des Fichtenbaumes leicht nach unten geneigt sind. Als Baumspitze nehmen wir die Spitze eines Zweiges mit kurzen Seitentrieben. Mit der Bohrmaschine bohren wir für den jeweiligen Astkranz Löcher in den Stamm, in welche wir die vorbereiteten Ästchen leimen. Um einen natürlichen Baum zu erhalten, lassen wir unten ein Stück des Stammes frei bzw. befestigen noch einen Kranz gekürzter dürrer Äste. Wenn die Äste nicht präpariert werden, so muß man sie nach einem Jahr auswechseln, da sich die Nadeln verfärben und abfallen.

Ölbäume

Für die Stämme der Ölbäume eignen sich am besten abgestorbene Wacholderstauden. Man findet oft schöne, bereits mit Moos bewachsene Stammstücke, die sich besonders gut ausnehmen. Weiters verwenden wir Buchen aus Wildverbiß oder Lawinenstrichen oder verzweigte Stämme aus einem abgestorbenen lebenden Zaun. Für Ästchen ist immer noch Hirsch- oder Gamsheiderich mit seinen reizenden winzigen Blättchen das Nonplusultra (siehe Abb. 61). Leider ist Hirschheiderich nicht jedem Krippenbauer zugänglich – er wächst nur im Hochgebirge und da wieder nur auf Urgestein. Eine Ausweichmöglichkeit sind kleine Koniferenzweige.

61 Links: Ölbaum
    Rechts: teilweise mit Blättern versehener Laubbaum

Zypressen

Aus Koniferenzweigen, Zierwacholder oder Schmelchgräsern, die wir zusammenbinden, können wir sehr eindrucksvolle Zypressen herstellen. Zypressen können aber auch aus Baumbart gemacht werden. Er wächst auf Nadelbäumen in höheren Gebirgsregionen. Man nimmt einen Haselnußstock, Länge ca. zwei Drittel der fertigen Zypresse, spitzt das obere Ende zu und schlägt unten in senkrechter Richtung einen Nagel ein. Sodann legt man langgewachsenen Baumbart auf ein Brett und bestreicht ihn mit Leimwasser (möglichst Warmleim), bis er gut durchgefeuchtet ist. Dann wickelt man ihn um den Haselnußstock. Wichtig ist, daß fest angedrückt wird. Den Stamm läßt man unten ca. 1 bis 2 cm frei. Der Baumbart wird nach oben spitz zugehend geformt. Zum Trocknen wird die Zypresse mit einem Draht an einem Nagel frei, mit der Spitze nach unten, aufgehängt, um eine gerade Baumspitze zu erhalten. Nach dem Trocknen wird eine solche Zypresse mit grüner, in Leimwasser angemachter Pulverfarbe gefärbt und nochmals hängend getrocknet.

Palmen

Material für den *Stamm* – erste Möglichkeit:
von Eichhörnchen abgenagte Fichten- oder Tannenzapfen, die frisch sein müssen, da sie sonst brüchig sind. 2 mm starke Nägel oder Draht, Tischlerleim. Der Palmenstamm muß sich nach oben verjüngen, und zu diesem Zweck beginnen wir beim Stammaufbau mit dem untersten, dem stärksten Zapfen. Die Enden werden beide glattgeschnitten; dasselbe geschieht mit den Fortsetzungsstücken, bis die gewünschte Stammlänge erreicht ist. Mit einem 2-mm-Stahlbohrer bohren wir in die Zapfen oben und unten Löcher und stecken auf einer Seite einen Nagel hinein und können den nächsten Zapfen aufsetzen. Dazwischen streichen wir Leim. Beim obersten Zapfen bleibt die Krone stehen. Am unteren Ende läßt man einen Nagel herausragen, damit die Palmen auf dem Krippenberg eingesteckt werden können.

Material für den *Stamm* – zweite Möglichkeit:
Wir suchen uns leicht gebogene Haselnußstöcke, umwickeln sie mit Spagat oder Makrameeschnur, lassen am oberen Ende ca. 1½ bis 2 cm frei. Dann bestreichen wir das Ganze mit Leim, wälzen den Stamm in Sägemehl und lassen ihn gut trocknen. Ist der Stamm durchgetrocknet, so beizen wir ihn mit brauner Nußbeize.

Palmen über 25 cm Länge sollen der Festigkeit wegen nur mit Haselnußstöcken gemacht werden. Für die *Palmblätter* brauchen wir olivgrünes Tonpapier, 1 mm starken geglühten Draht und Kontaktkleber (Patex). Bitte verwenden Sie wirklich nur Kontaktkleber, da nur dieser in getrocknetem Zustand elastisch ist, während bei der Verwendung von Kaltleim die bestrichenen Stellen brüchig werden und die Blätter reißen.

Herstellung der Palmblätter: In ein Holzbrett geeigneter Größe werden stirnseitig Nägel in der Breite der Blätter eingeschlagen. Dann wird ein Bogen Tonpapier aufgelegt und mit Draht straff überspannt. Blatt und Draht werden mit Kontaktkleber bestrichen, ebenfalls das zweite Blatt. Dieses wird nach dem Ablüften auf das erste Blatt aufgepreßt. Mit einem stumpfen Gegenstand werden die Blattrippen (Draht) herausgearbeitet und die aufstehenden Rippen mit Ockerfarbe bemalt. Hierauf schneiden wir den Bogen in Streifen, wobei in der Mitte die Blattrippen liegen, dann die Streifen in die gewünschte Blattlänge inklusive Stiel. Nun können wir die Blattform herausschneiden und die geformten Blätter links und rechts schräg zur Blattrippe sehr, sehr fein einschneiden. Man sollte dabei nicht mit der Spitze der Schere schneiden. Die fertigen Blätter werden an den Stamm gebunden. Zum Binden verwenden wir 0,8 mm dünnen Blumendraht. Als Herzblatt werden zwei der kleinsten Blätter an den Stamm gewickelt,

62

Herstellung einer Palme

A Zwei Bogen Tonpapier werden
mit Kontaktkleber
zusammengeklebt, Draht liegt
dazwischen.

B Die einzelnen Teile werden so
durchgeschnitten, daß der
eingeleimte Draht die Blattrippe
bildet.

C Aus dem rohen Blatt-Teil wird
die Form des Blattes
zurechtgeschnitten.

D Um die gefiederte Form zu
erhalten, schneidet man das Blatt
sorgfältig von außen bis zur
Blattrippe ein.

E Als Stamm verwendet man leicht
gekrümmten Haselnußzweig.

F Der Stamm wird mit einer Schnur
sorgfältig umwickelt.

G Der Stamm wird mit Tischlerleim
bestrichen und nicht zu grobes
Sägemehl angedrückt.

H Nach Durchtrocknen mit
Nußbeize färben. Die Blätter
aufbinden und über den Blattansatz
Kokosfasern kleben.

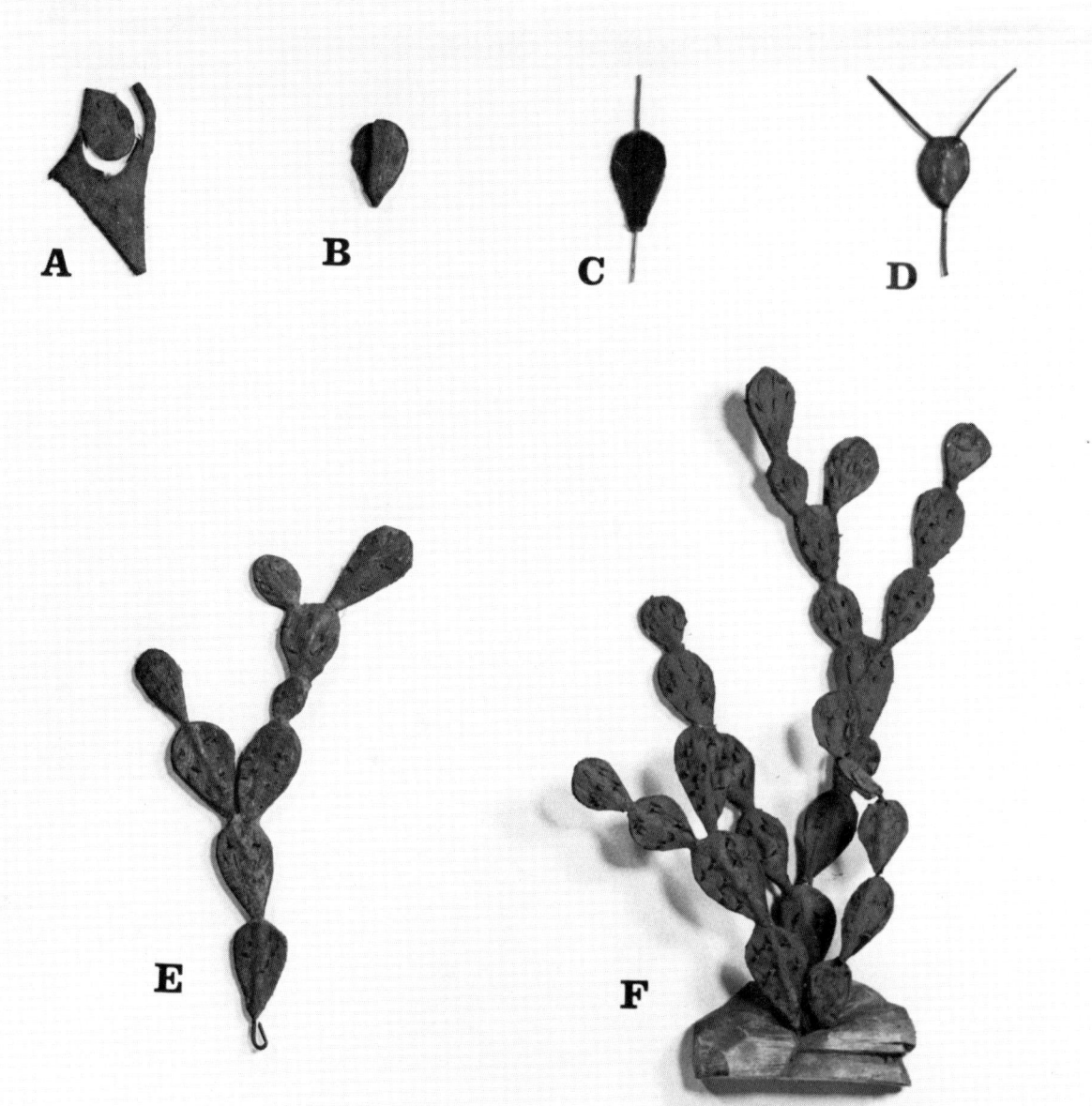

dann immer mit jeder Wickelung ein Blatt bis zu den größten Blättern. Alle Blätter müssen geleimt werden. Von den größten Blättern werden fünf als Abschluß genommen. Damit Bindedraht und Blattstiele nicht sichtbar sind, umleimen wir sie mit Kokosfasern, die beim Sattler oder Tapezierer erhältlich sind. Wie eine Palme gemacht wird, ersehen Sie bitte unserer Abb. 62 A bis H.

Kakteen

Es gibt verschiedene Möglichkeiten, um eine orientalische Krippe mit Kakteen zu schmücken:
1. Wir können echte kleine Kakteen verwenden und die Blumentöpfchen im Gelände einlassen.
2. Wir verwenden Ableger von Kakteen, die auf ein Zündholz oder einen Zahnstocher aufgespießt werden. Die Bruch- oder Schnittstellen werden mit Wachs versiegelt. So hält man sie 2 bis 3 Monate frisch.
3. Aus Kernen von Speisekürbissen können wir schöne Blattkakteen herstellen. Man nimmt einen dünnen Blumendraht und steckt diesen der Länge nach durch die angebohrten Kürbiskerne, ca. 3 bis 5 Stück. Bei manchen Blättern kann man 1 bis 3 Nebenblätter herauswachsen lassen (siehe Abb. 63 E). Nach dem Formbiegen werden die Kerne mit Leim aneinander geklebt. Dann bestreichen wir das Ganze mit Leimwasser und bestäuben die Kakteen durch ein Haarsieb mit dunkelgrünem Farbpulver.
4. Aus Lederabfällen fertigen wir Blattkakteen folgendermaßen an: Wir schneiden uns die Blätter zu, spalten sie bis zur Mitte und kleben sie auf das Blumendrahtgerüst, welches wir bereits mit Verzweigungen vorbereitet haben (siehe Abb. 63 A bis D). Mit einem spitzen Messer oder Geißfuß stupfen wir Haken heraus, welche die Stacheln imitieren sollen. Das Ganze wird dann mit dunkelgrünem Farbpulver eingefärbt, eventuell mit Ocker leicht schattiert.

---

63   Herstellung von Kakteen
A Aus einem Abfallstück Kalbsleder schneiden wir die Blättchen in beliebiger Form und Größe.
B Mit einem scharfen Messer spalten wir die Blätter bis zur Blattmitte.
C In diese Spalte legen wir ein Stück dünnen Bindedraht, bestreichen die beiden Schnittflächen mit Kontaktkleber und drücken sie wieder fest zusammen. Der Draht soll nicht nur Gerüst, sondern auch den Mittelnerv bilden.
D Will man eine Abzweigung machen, dreht man einen zweiten Draht mit dem ersten zusammen und klopft die Stelle etwas glatt.
E Ist alles gut verleimt und durchgetrocknet, so sticht man mit einem Geißfuß oder Messerspitze von oben nach unten in die Lederblättchen. Es entstehen dadurch eine Art Stacheln.
F Man vollendet die Pflanze durch Bemalen. Dazu wird nicht zu sattgrüne Ölfarbe oder mit Leim angemachte Kreidepulverfarbe verwendet.

Weinreben

Für einen Rebenstock können wir verschiedene Hölzer verwenden, nämlich dünne Rebenzweige, Teile einer verkrüppelten Kramett- oder Wacholderstaude oder am besten Efeugerank.
Als Blätterzweige verwenden wir:
1. kleine Zweige von Hirsch- oder Gamsheiderich
2. Zweige verschiedener Koniferen
3. Mühevoller zu arbeiten, jedoch sehr schön sind kurzstielige farbige Rebenblätter der Blumenbinder, die im Größenverhältnis zur Krippe zugeschnitten werden müssen und einfach aufgeklebt werden.
Für die Trauben nehmen wir zugespitzte runde Hölzchen und befestigen daran einen dünnen Draht. Nun wird das Hölzchen mit Leim bestrichen und in Hanfkörnern gewälzt. Man läßt die Minitrauben trocknen und bemalt sie mit blauer Leimpulverfarbe.

Maiskolben

Ähnlich wie Weintrauben werden auch die Maiskolben gemacht. Auf das zugespitzte Hölzchen kleben wir an der stärksten Stelle etwas Handarbeitsbast in Naturfarbe, um die Umhüllungsblätter des Maiskolbens darzustellen. Dann bestreicht man den zugespitzten Teil mit Leim und drückt Polentagrieß (Maisgrieß) an. Sodann können wir die Kolben auf die vorbereiteten Trockenstangen aufkleben oder aufbinden (siehe Farbfoto IV).

Befestigung der Bäume am Grundbrett

Man treibt vorsichtig, um das Holz nicht zu spalten, einen stärkeren Nagel senkrecht in den vorgefertigten Stamm und zwickt den Nagelkopf ab. Ins Grundbrett schlägt man zum Vorbohren einen Nagel derselben Stärke und zieht ihn wieder heraus. In dieses Loch steckt man den mit Leim bestrichenen Nagel des Stammes.

Man kann auch, wenn man die Bäume in der Zeit, wo die Krippe nicht in Verwendung ist, einzeln aufbewahren will, auf das Leimen verzichten.

Zum Ausgestalten der heimatlichen Krippe benötigen wir *Heu*. Wir haben in dem Kapitel „Krippenbauer ist man das ganze Jahr" davon gehört, daß das Heu des Bauern viel zu grob für unsere Zwecke ist. Viel besser ist getrockneter Rasenschnitt.

Als *Stroh* haben sich immer noch abgefallene Nadeln von Lärchen am besten bewährt. Da sie leicht braun werden, sollte man sie nur auflegen und öfter austauschen. Wenn sie zu lang sein sollten, kann man sie mit der Schere zerkleinern.

Haus- und Arbeitsgeräte

Es gibt manche Krippenbauer, die die Liebe zum Detail so weit treiben, daß sie nicht die Mühe scheuen, ihre Krippe mit Haus- und Arbeitsgeräten zu beleben. Dagegen ist gar nichts einzuwenden, nur achten Sie bitte auf eines: besser ist es, gar keine solchen Geräte in das Krippengeschehen aufzunehmen, als solche, die im Maßstab falsch sind und damit den ganzen künstlerischen Eindruck zerstören. Wenn Sie solche kleinen Dinge basteln wollen, wie z. B. Besen, Sensen, Äxte, Dreschflegel oder kleine Heuschober, so nehmen Sie erst einmal das genaue Maß der Originalgeräte und setzen es unter Zuhilfenahme des Krippenmeters um in die Minimaße. Verwenden Sie zierliches, feines Material, damit die kleinen Gerätschaften nicht zu derb ausfallen. Auch im Farbton sollten Sie auf den Gesamtcharakter der fertigen Krippe Rücksicht nehmen. Die Gerätschaften sollen auf keinen Fall vordergründig wirken und auch so angeordnet sein, wie es als logisch erscheint. Also werden Sie nicht den Heiligen Drei Königen die Heuschober zuordnen, sondern dem Volk der Bauern und Hirten. Auch in diesen an sich eher belanglosen Dingen können Sie Ihren guten Geschmack unter Beweis stellen.

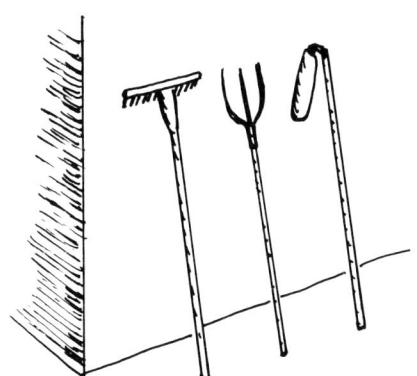

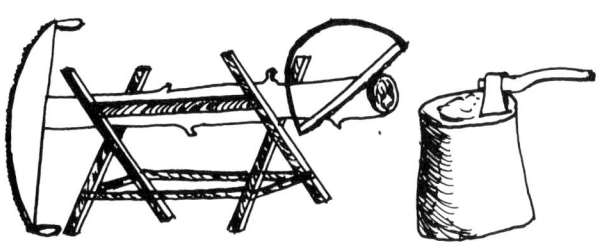

Gießmaterial für Brunnen und Bäche

Um einen Bach oder den Inhalt eines Brunnens möglichst wirklichkeitsgetreu nachzuahmen, haben wir drei Möglichkeiten:

1. Für sehr kleine Gegenstände, wie z. B. den Inhalt eines Eimers oder eines kleinen Brunnens, verwenden wir *Uhu,* das wir so hineindrücken, daß die Masse dem Wasserstand entspricht.

2. Für größere Gegenstände, wie größere Brunnen oder Bäche, bedienen wir uns des *Wasserglases,* das allerdings den Nachteil hat, daß es mit der Zeit trüb wird.

3. Eine weitere sehr gebräuchliche Methode, Wasser darzustellen, ist die mit *Gießharz.* Von diesem Material, das im Hobbyhandel erhältlich ist, wählen wir die Art, die sich „Glasklar" nennt. Bei dieser Masse kann es sich um Zwei- oder Dreikomponentenmischungen handeln, die man genau nach Gebrauchsanleitung mischt und verwendet. Wenn wir ein Bachbett ausgießen wollen, müssen wir die Ausgänge hinten und vorn sehr sorgfältig mit Plastilin abdecken; ehe wir die dünnflüssige Masse einfüllen. In den meisten Fällen ist es nötig, die ganze Krippe schräg zu stellen, so daß das Bachbett genau in der Waagrechten liegt. Brunnen und Bachbett sind, wie wir beim Kapitel „Der Bau von verschiedenen Brunnen und Brücken" gehört haben, so sorgfältig mit Verstreichmasse abzudichten, daß nicht einmal ein Loch von Stecknadelstärke bleibt.

Die Beleuchtung

In den verschiedenen Krippenlandschaften kommt der Beleuchtung eine unterschiedliche Bedeutung zu; so haben wir z. B. festgestellt, daß die Südländer ihr breiteren Raum geben, als man es z. B. diesseits der Alpen tut. Wieviel oder wie wenig wir aber auch Wert auf eine indirekte Beleuchtung legen, auf zwei Dinge sollten wir doch achten:

1. Kitsch muß auf jeden Fall vermieden werden (wir hörten schon davon), also auf Lichteffekte in den verschiedensten Farben sollte man verzichten. Wenn Sie eine Beleuchtung wünschen, so entscheiden Sie sich für normales Licht.

2. Die Beleuchtung sollte in jedem Fall die Geburtsgruppe hervorheben und nicht etwa das Hirtenfeld oder die Königsgruppe. Eine Ausnahme machen allfällige Verkündigungsgruppen.

Grotte, Stall, Unterstand bzw. Figuren sollen nur durch indirektes Licht erhellt werden. Man hat dabei die verschiedensten Möglichkeiten.

Man bringt entweder links oder rechts oder beidseitig vor der Grotte, dem Stall usw. eine Fassung in einer Vertiefung an (siehe Abb. 55) und verbaut diese mit Wurzeln, Rinden oder Weichfaserplattenresten harmonisch ins Gelände. Eine weitere Möglichkeit ist das Einbauen links oder rechts vorne in Grotte, Stall usw. Beim Beleuchten der Häuser ist zu bedenken, daß die Fassungen so montiert werden, daß man durchgebrannte Birnen auch austauschen kann. Am besten ist es, die Häuser dafür von hinten oder unten anzubohren und die Fassung dort zu befestigen.

Eine größere Krippe kann man auch mit einem Leuchtstoffbalken, hinter einer Holzblende über der Krippe montiert, beleuchten. Mit Glasmalfarben der Farbtöne Blau, Orange und Gelb erreicht man die richtige Abendstimmung.

Es ist auf jeden Fall darauf zu achten, daß nicht zu grell beleuchtet wird. Bei Verwendung eines Transformators erreicht man das so: man schließt z. B. bei 10 Volt an, verwendet aber Birnen mit 12 Volt. Dadurch wird die Beleuchtung dumpfer.

Beim Kauf eines Transformators – bei kleineren Beleuchtungsanlagen ein stärkerer Klingeltrafo – läßt man sich vom Elektrofachmann beraten, welche Trafostärke benötigt wird, um eine bestimmte Anzahl von Birnen anschließen zu können.

Bei etwas größeren Krippenbergen oder Figuren hat man die Möglichkeit, mit 220 Volt zu beleuchten. Im Fachhandel sind Glühbirnen mit einer Stärke von ca. 3 bis 5 Watt erhältlich. Diese Birnen dürfen nicht zu eng verbaut werden, da sonst die Gefahr eines Glimmbrandes entsteht, wenn längere Zeit beleuchtet wird.

Die Verwendung von Taschenlampenbatterien ist nicht anzuraten, da diese nur eine sehr begrenzte Beleuchtungszeit ermöglichen.

Noch ein Tip: Wenn Ihr Holzbau breite Fugen aufweist, durch welche das Licht in unangenehmer Weise schimmert, decken Sie durch entsprechend zugeschnittenes schwarzes (Ton-)Papier oder dichten mit Verstreichmasse von innen ab.

Die schwierige Frage des Hintergrundes

Es gibt, wenn man die Frage des Krippenbauens gesamthaft betrachtet, zwei Bereiche, die man verbal nicht beschreiben und deren Ausübung man nicht so ohne weiteres erlernen kann. Der eine Bereich ist das Schnitzen von Figuren, der andere das Malen des Hintergrundes. Für beide ist ein gewisses künstlerisches Talent Voraussetzung sowie eine solide Ausbildung, die mit bestem Willen ein Buch nicht vermitteln kann. Nicht umsonst lernen Leute jahrelang, um einen wirklich guten und einwandfreien Hintergrund zustande zu bringen. Es gibt auf dem Gebiet des Hintergrundmalens ausgesprochene Spezialisten, die ihrerseits manchmal noch so weit hochspezialisiert sind, daß sie nur eines können: entweder einen orientalischen Hintergrund malen oder aber einen heimatlichen.

Es ist in der Tat sehr schwierig, einen wirklich guten Hintergrund zustande zu bringen. Das beginnt schon bei der Auswahl der Farben für den Himmel. Manganblau z. B. ist schwer erhältlich und sehr teuer. Auch die Mischung verschiedener Produkte ist problematisch. Das Malen der Wolken ist technisch schwierig, ebenso die Gestaltung von Bauwerken, tropischer Vegetation, von Wüste bei der orientalischen Krippe oder von Hügeln und Bergen bei der heimatlichen Krippe. Die Farbwahl des Hintergrundes und seine malerische Wiedergabe muß auf jeden Fall so gehalten sein, daß der Hintergrund die logische Fortsetzung des Krippenberges ist; er muß sich, soll er optimal sein, geradezu aus dem Berg entwickeln und diesem die erforderliche Tiefenwirkung geben. Dabei aber darf die Malerei in keiner Weise aufdringlich und vordergründig wirken, sonst „erschlägt" der Hintergrund den Krippenberg. Viel ist da gesündigt worden und wird es immer noch.

Die Krippen vergangener Zeit waren, sofern sie ein gewisses Ausmaß hatten, meist mit einem Hintergrund versehen. Oftmals umgab dieser an drei Seiten den Berg und hatte naturgemäß zwei Ecken, die es malerisch zu umgehen galt. Es gab auch Krippen mit gerundetem Hintergrund. Diese Hintergründe waren von Hintergrundmalern gemalt, einem Berufsstand, den es heute fast nicht mehr gibt. Heute werden Hintergründe oft von Kunstmalern gemalt. Aber nicht jeder Kunstmaler muß notgedrungen ein guter Hintergrundmaler sein.

Wir heutigen Menschen neigen im allgemeinen dazu, das, was aus früheren Jahrhunderten auf uns gekommen ist, ein bißchen zu glorifizieren. Die Welle der „Nostalgie" hat dazu beigetragen. Was man aber an einer Krippe aus einer früheren Epoche gerade noch toleriert – oft wird einem das durch das Auftreten einer gewissen Patina erleichtert –, stößt uns heute vielleicht schon ab. Wir sind, was den Hintergrund anbelangt, heute vielleicht kritischer geworden, als unsere Vorväter es waren. Deshalb raten wir Ihnen, in diesem Punkt lieber zuwenig als zuviel Tatendrang an den Tag zu legen.

Wenn Sie glauben, bei Ihrer heute gebauten Krippe nicht ohne Hintergrund auskommen zu können, wenden Sie sich lieber an Ihren Krippenverband, der Ihnen sicher gern die Anschrift eines guten Hintergrundmalers vermittelt.

Im übrigen aber werden heute fast alle Krippen ohne Hintergrund gebaut, weil man den Berg nicht in eine quasi „Schachtel" hineinquetschen, sondern von allen Seiten betrachten möchte. Eine Ausnahme darin sind die Krippen gewisser deutscher Gegenden, die auch heute noch richtige Kasten- oder Kulissenkrippen sind, manchmal nach vorne zu offen, oft aber auch durch eine Glaswand geschlossen, so daß ein Verstellen und Verschieben der Figuren unmöglich wird. Im allgemeinen aber ist die heutige Krippe noch stärker in unsere Wohnatmosphäre integriert, als es die früheren Krippen waren, und aus diesem Grund verzichtet man auf jeden einengenden Hintergrund. Wenn, dann wird er überhaupt nur mehr an der Rückseite angebracht. Die Seiten bleiben offen.

Entwürfe für Ställe bzw. Unterstände ohne Gelände

116

Entwürfe für orientalische Krippen

120

Abgewandelte Höhlenkrippen

Entwürfe für einfache orientalische Krippen ohne Gelände

Entwürfe für orientalische Gebäudekomplexe

Entwürfe für heimatliche Krippen

128

129

131

132

Vier orientalische Krippen mit Schnittmuster

BREITE u.
TIEFE ca 20cm

H. ca 15 – 18cm

135

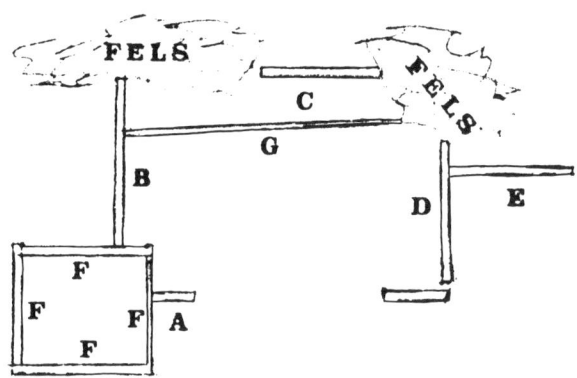

FELS

FELS

C

G

B

D

E

F

F

F

F

A

136

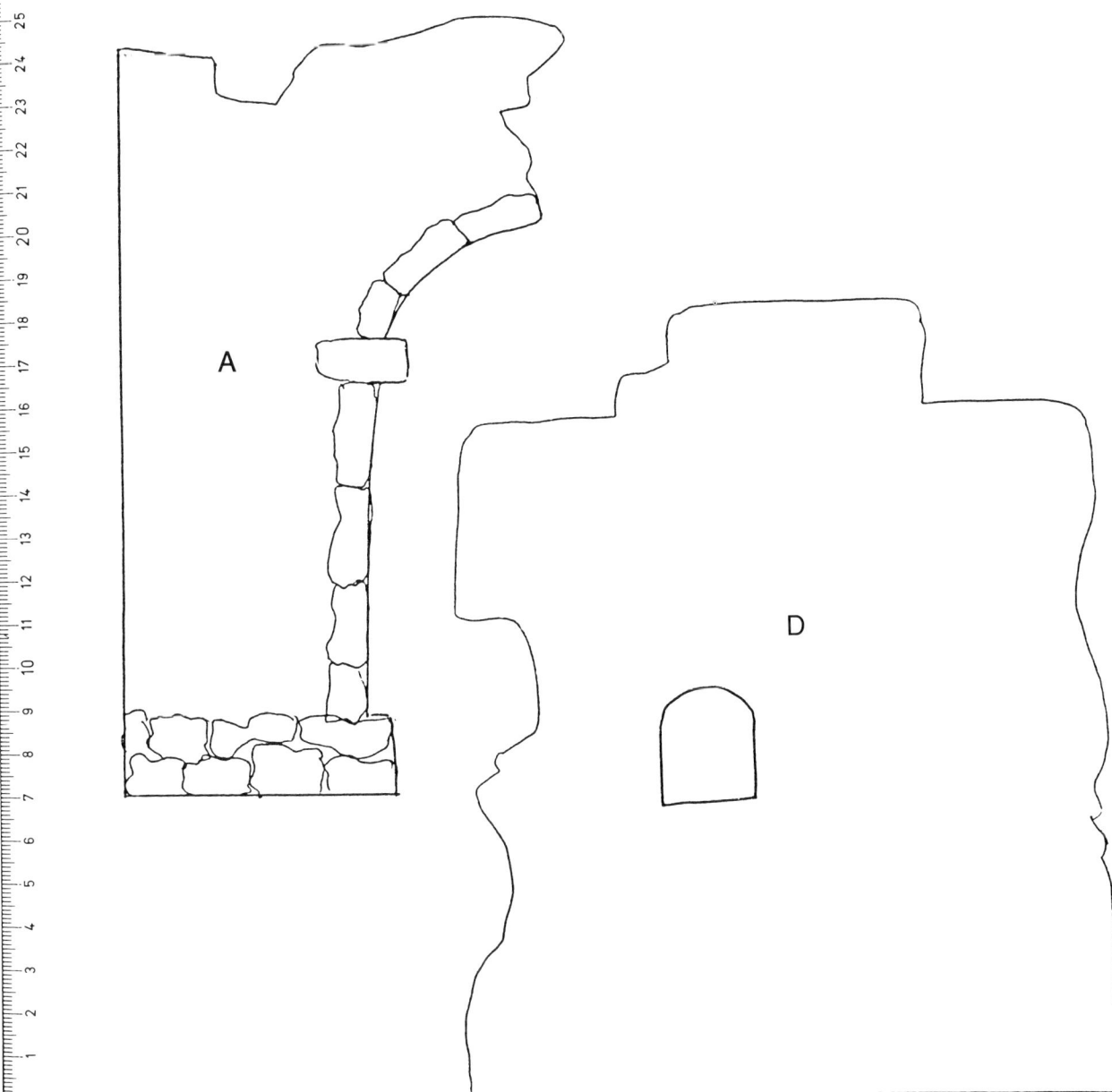

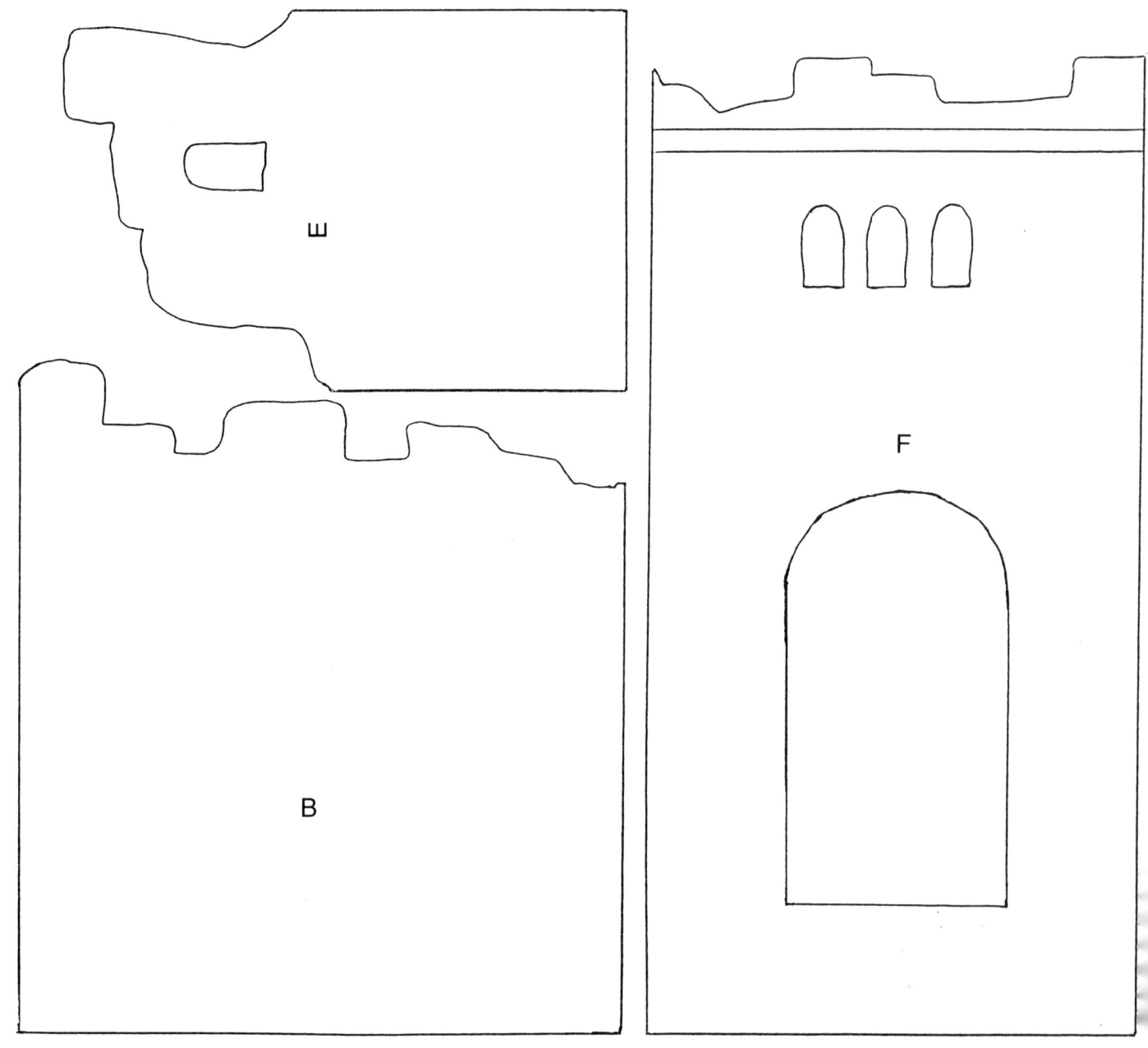

E

B

F

138

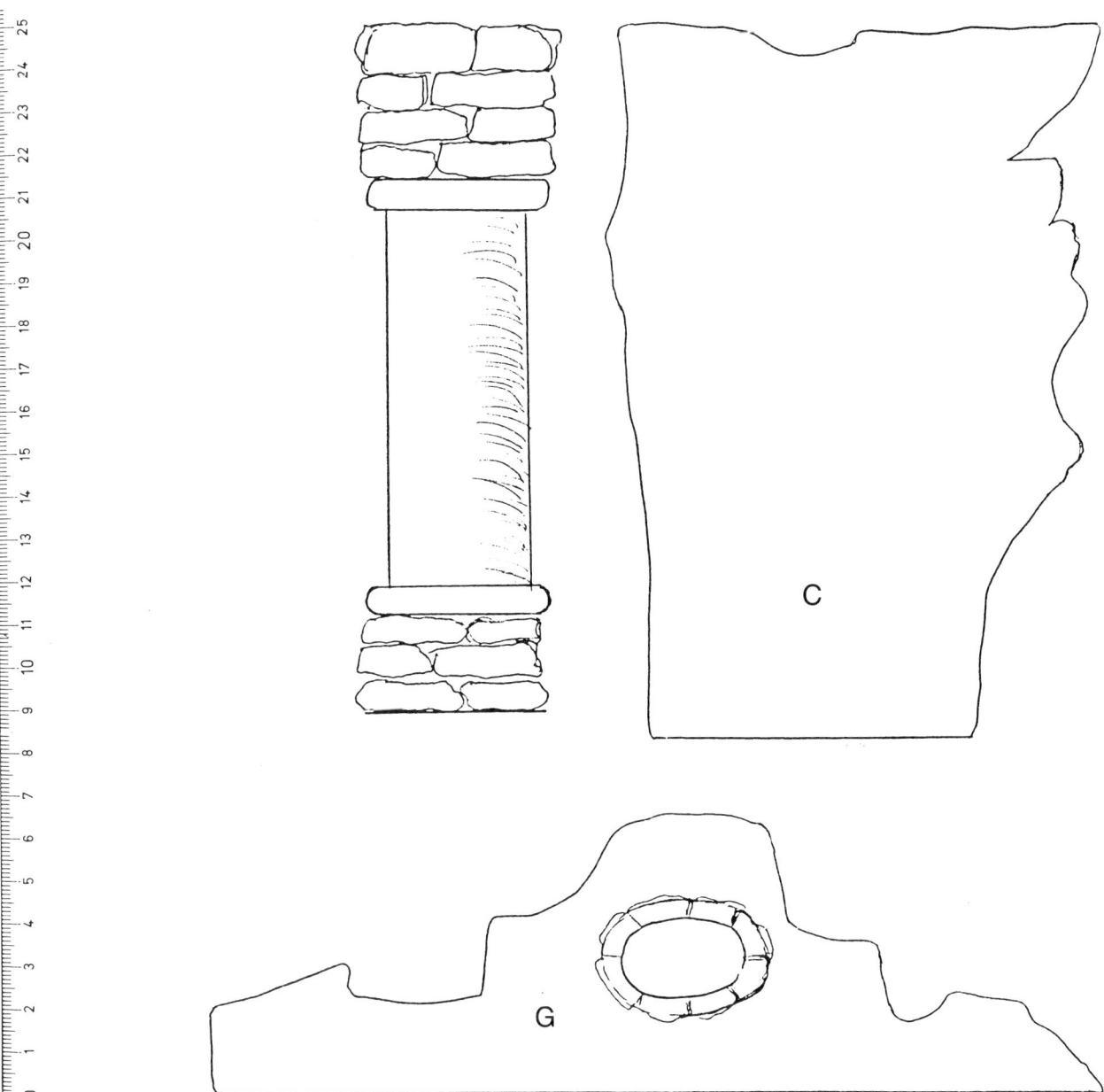

C

G

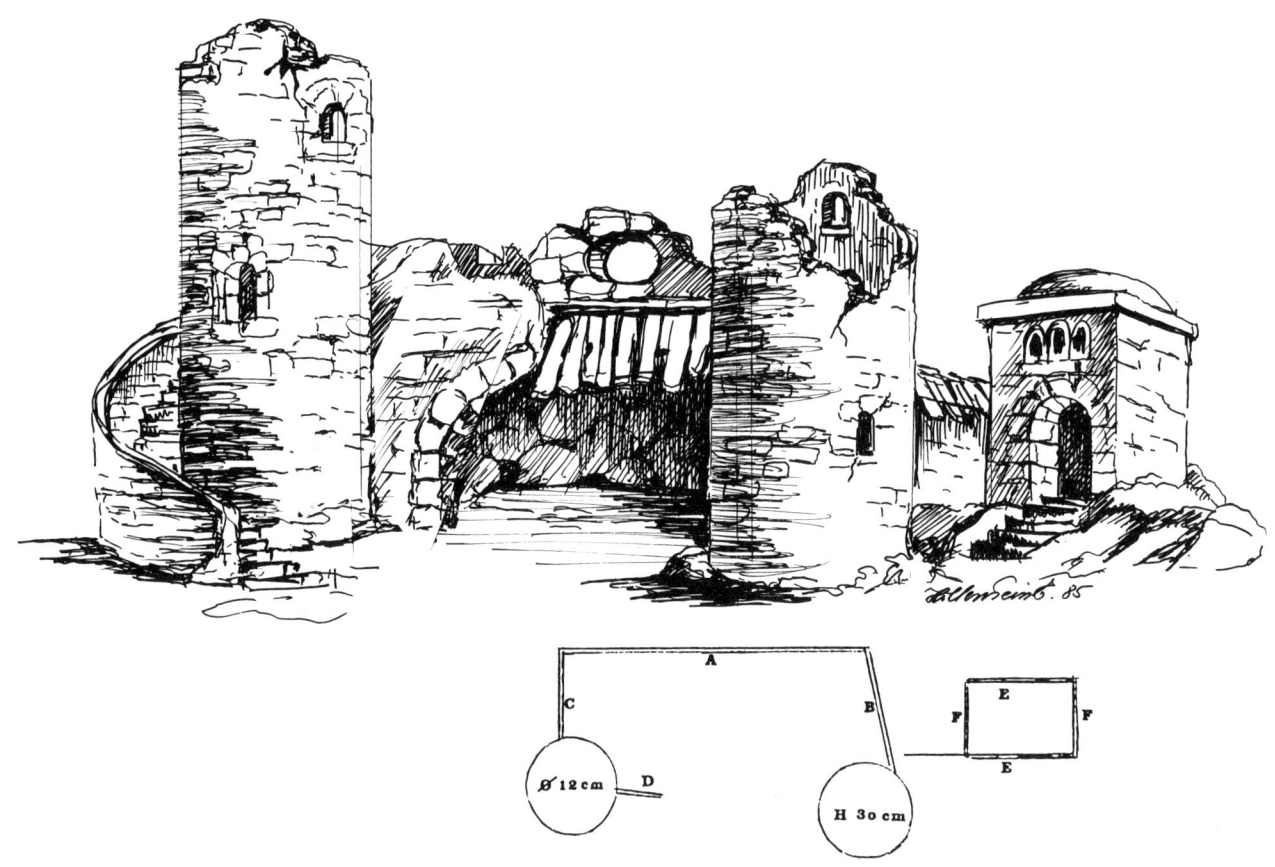

140

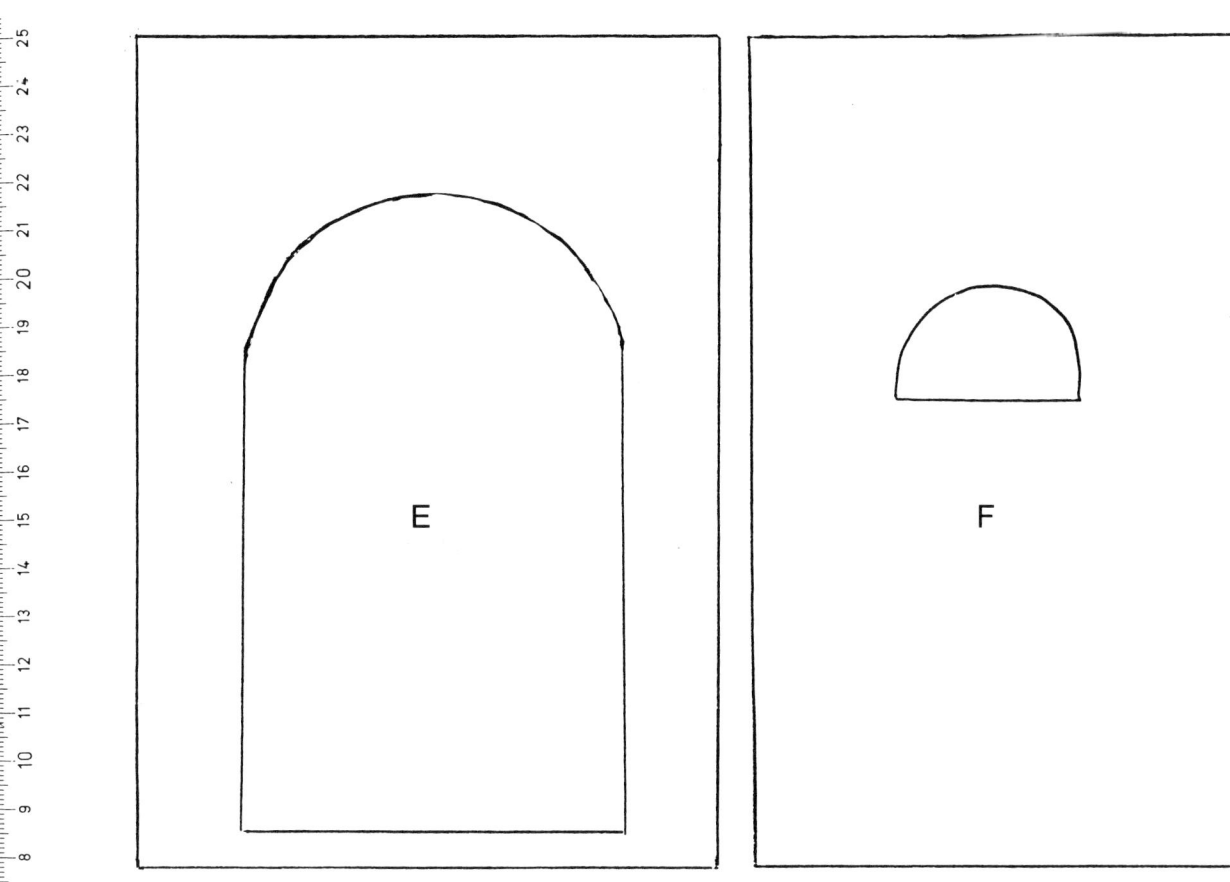

E

F

141

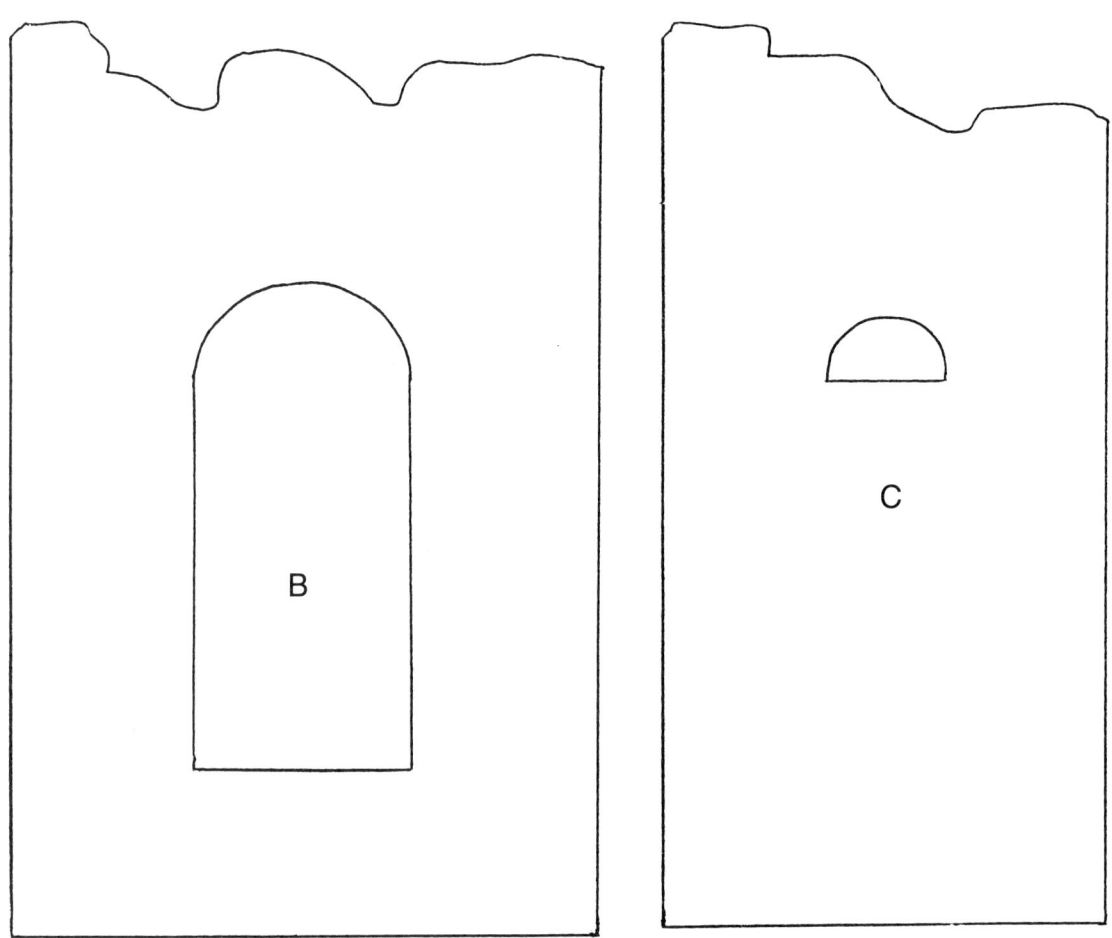

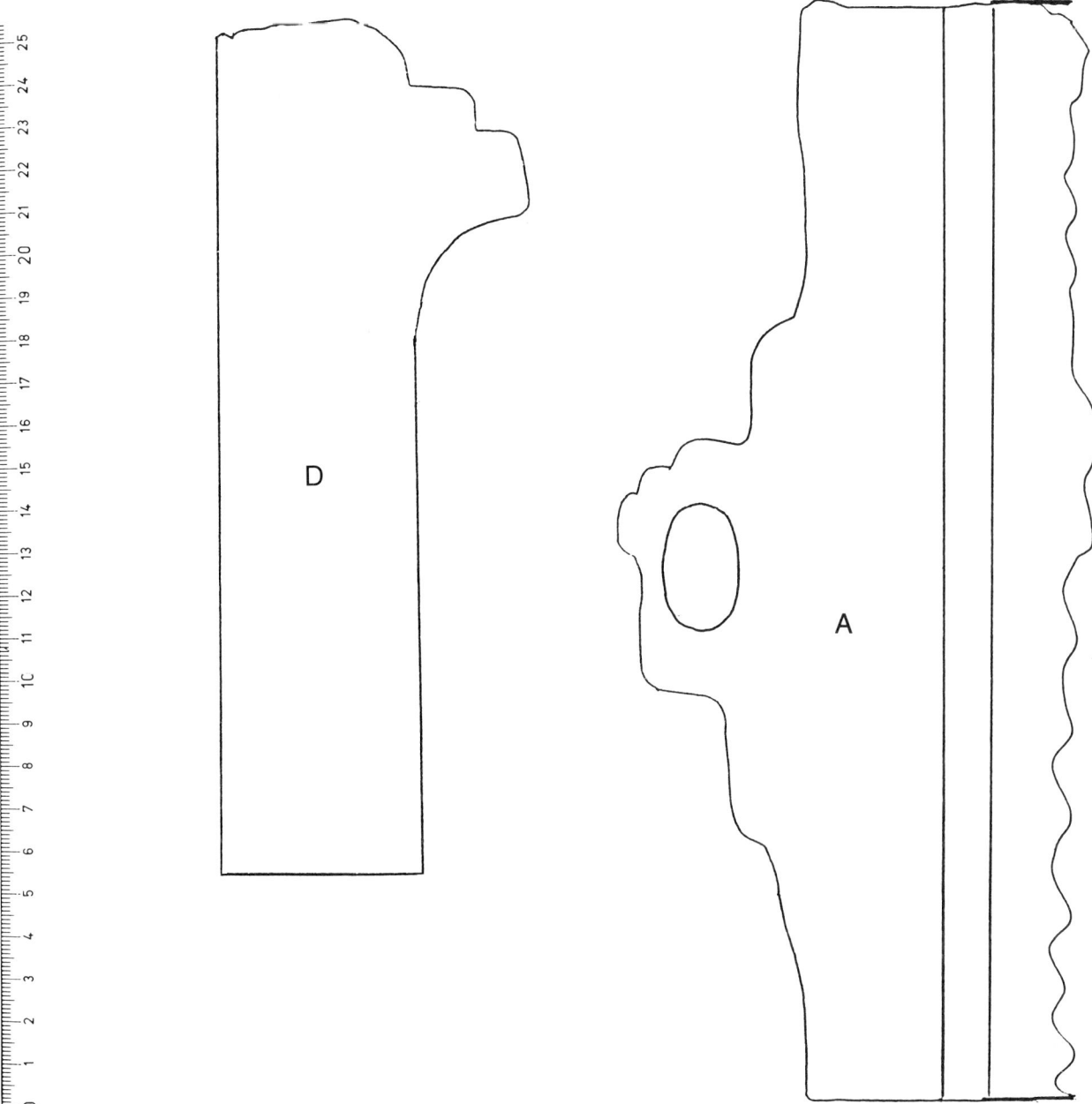

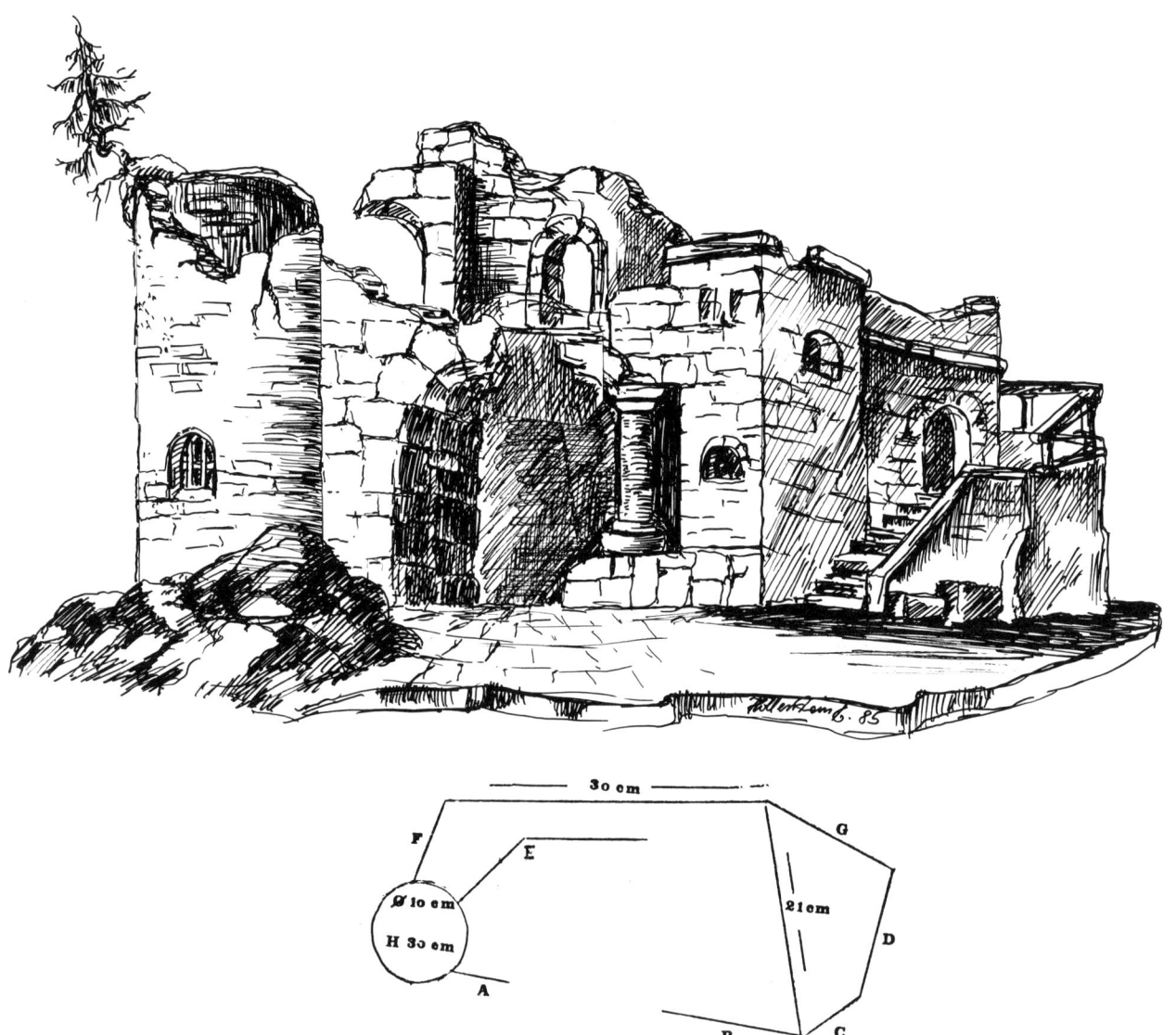

30 cm

F E

Ø 10 cm

H 30 cm

A

G

21cm

D

B C

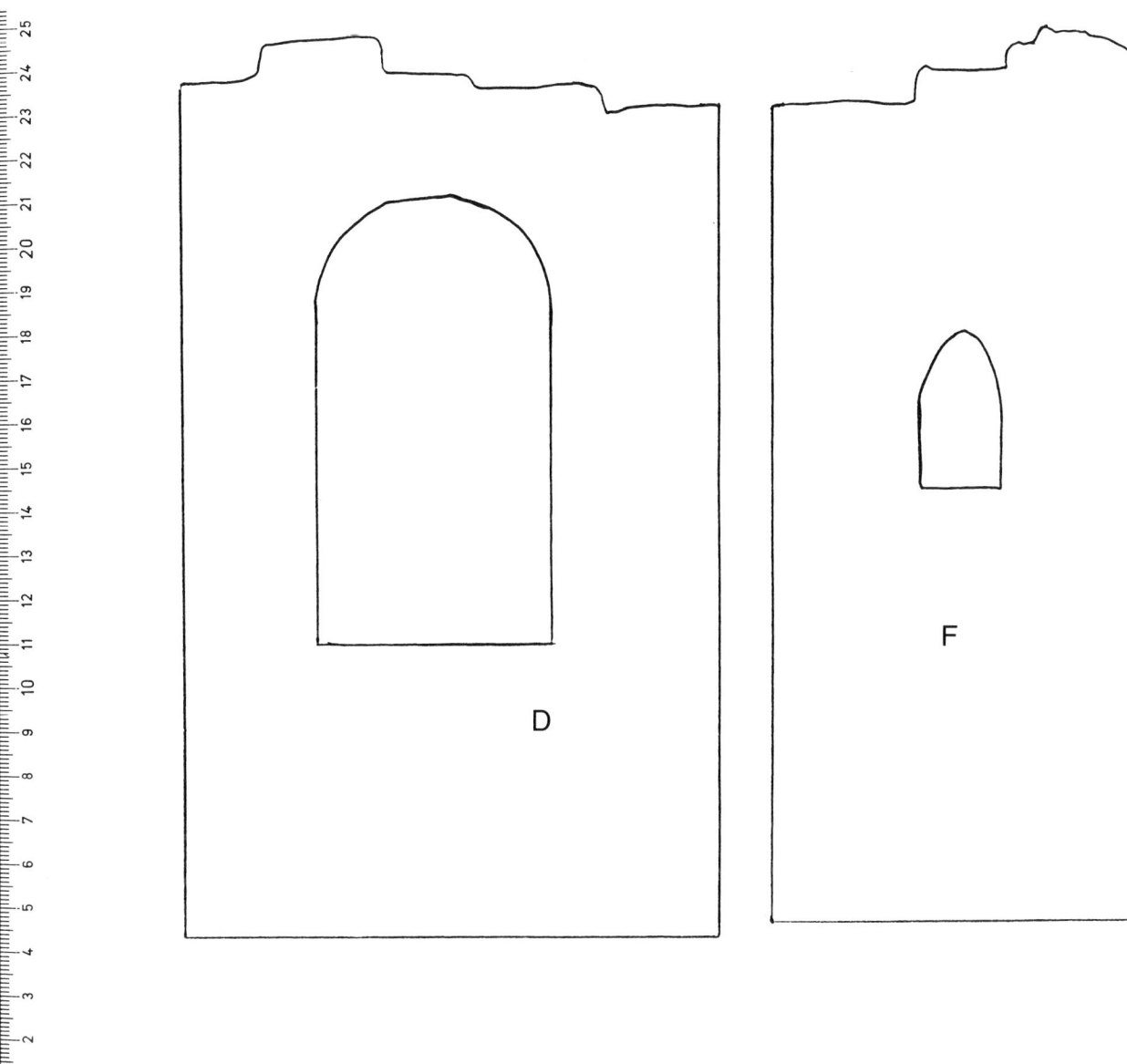

D

F

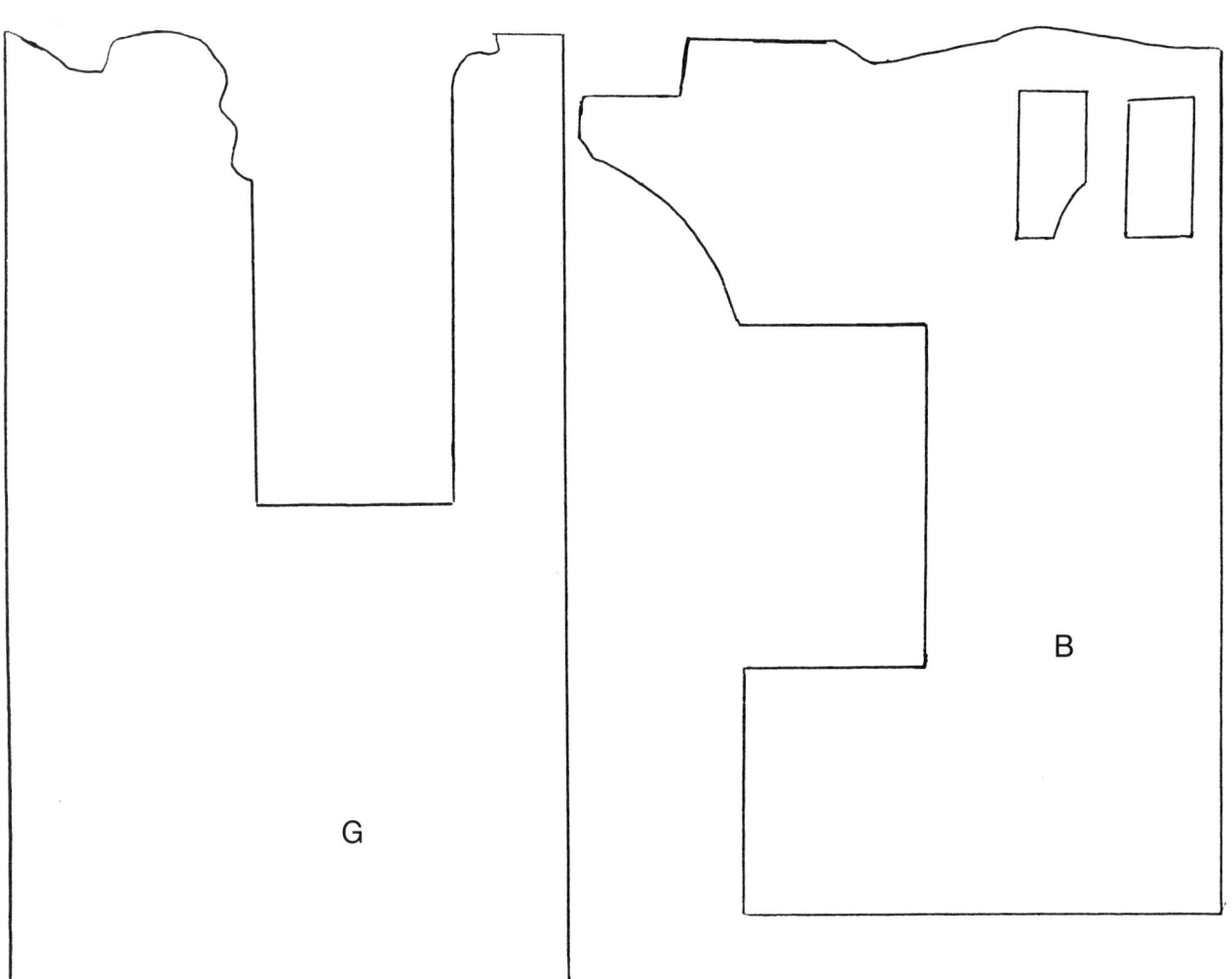

G

B

A

E

E

C

Ein Brief zum guten Schluß

Liebe Freunde der Krippe,
Sie haben – so hoffen wir – dieses Buch nicht nur einmal kurz überflogen, sondern es so richtig liebgewonnen.

Sein Material ist zusammengetragen und beschrieben worden in vielen mühseligen Stunden des Suchens, in freudvollen Stunden des Findens, bei vergnüglichem Formulieren.

Es war uns von allem Anfang an klar, daß dieses Buch das füllt, was man heute „Marktnische" nennt – und das Wort „Nische" will uns dabei besonders gefallen. Im großen Büchermarkt gibt es, so erstaunlich es klingt, ab und zu im Verborgenen ein winziges Plätzchen, eine stille Nische eben, die unberührt geblieben ist. In dieser stillen Nische wollen wir unser Buch ansiedeln, ist es doch für eine stille, besinnliche Arbeit zu besinnlichem Gedeihen gedacht.

An Ihnen, den Lesern, liegt es, die Nische zu sprengen und unser Buch hinauszutragen zu Ihren Freunden und Bekannten, die in ihrem Bestreben, eine möglichst treffliche Krippe zu bauen, dieses brauchen. In Schulen sollte dieses Buch Eingang finden und in Krippenbaukursen, und immer, so hoffen wir, sollte es auf die innere Bereitschaft seiner Leser stoßen, in christlichem Geist Bauende, Formende an dem Wunder „Krippe" zu sein. Sollten bestimmte technische Fragen Sie bedrängen, so wenden Sie sich vertrauensvoll an Ihren zuständigen Krippenverband, der Ihnen sicher gern das nötige Material zur Verfügung stellen wird.

Wir wünschen Ihnen viel Freude bei Ihrem Tun und hoffen, daß Ihren geschickten Händen eine Fülle an Schönem entspringen möge.

Die Autoren

Krippenverbände im deutschsprachigen Raum

Österreich

Verband der Krippenfreunde Österreichs
Sitz in Innsbruck
6010 Innsbruck, Postfach 260, Sillgasse 5
Landesgruppen:
Burgenland: Landesleitung 7062 St. Margarethen,
   Hauptstraße 17
   Ortsgruppe: Wiesen
Wien-Niederösterreich: Landesleitung 1151 Wien,
   Viktoriagasse 10
Oberösterreich: Landesleitung 4040 Linz, Petrinum-
   straße 12
   Bezirksgruppe: Wels
Salzburg: Landesleitung 5020 Salzburg, Borro-
   mäumstraße 13
   Ortsgruppe: Lofer
Steiermark: Landesleitung 8861 St. Georgen/Murau,
   Haus Nr. 4
Tirol: 6010 Innsbruck, Postfach 260, Sillgasse 5
   Bezirksgruppen: Reutte, Lienz, Unterinntal,
   Wipptal
   Ortsgruppen: Absam, Aldrans, Alpbach, Angath-
   Umgebung, Axams, Birgitz, Fulpmes, Götzens,
   Grinzens, Imst, Innsbruck, Inzing, Kitzbühel,
   Kramsach, Kufstein, Mutters/Natters, Nassereith,
   Oberperfuss, Ranggen, Roppen, Rum, St. Leon-
   hard, Schwaz, Steinach, Tarrenz, Telfs, Thaur,
   Vils, Volders, Waidring, Wattens, Wenns, Wilder-
   mieming, Zirl
Vorarlberg: Landesleitung 6830 Rankweil, Michl-
   Rheinberger-Straße 10
   Ortsgruppen: Albach-Koblach, Feldkirch-Tisis,
   Frastanz-Fellengatter, Lustenau, Rankweil, Götzis

Bundesrepublik Deutschland

Verband Bayerischer Krippenfreunde e.V. Sitz Mün-
   chen
   7918 Illertissen 3, Tiefenbach, Hauptstraße 17
   Ortsvereine: Altötting, Amberg, Augsburg, Bad
   Aibling, Bad Tölz, Bamberg, Berlin, Donauwörth,
   Fürstenfeldbruck, Füssen, Fulda, Günzburg,
   Ichenhausen, Illerberg, Immenstadt-Sonthofen,
   Kempten, Klüsserath, Landsberg, Mindelheim,
   Mittenwald, München, Nürnberg, Regensburg,
   Rosenheim, Tegernseer Tal, Ulm und Neu-Ulm,
   Werdenfelser Land
Landesgemeinschaft der Krippenfreunde in Rhein-
   land und Westfalen e.V. – Telgte (Köln)

Südtirol

Verband der Krippenfreunde Südtirols
39100 Bozen, Kloster Muri-Gries, Grieser Platz 21
Ortsgruppen: Bozen-Gries, Bozen-Haslach, Ehren-
burg, Girlan, Mühlbach

Liechtenstein

Verein der Krippenfreunde Liechtensteins
9486 Schaanwald, Heiligwies 99

Schweiz

Schweizerische Vereinigung der Krippenfreunde
Lausanne, Haus Meillerie, Nr. 5

Weltkrippenverband

Universalis Foederation Praesepistica (UN-FOE-PRAE)
I-00184 Roma, Via Tor de' Conti 31/a

Europa

Bundesrepublik Deutschland
Verband Bayerischer Krippenfreunde e.V.
D-7918 Illertissen 3, Hauptstraße 17
Landesgemeinschaft der Krippenfreunde in Rheinland und Westfalen e. V. – Telgte (Köln)

Frankreich
Association Française des Amis de la Crèche
F-6300 Nice, Rue de la Préfecture 15

Italien
Associazione Italiana Amici del Presepio
I-00184 Roma, Via Tor de' Conti 31/a

Liechtenstein
Verein der Krippenfreunde Liechtensteins
FL-9486 Schaanwald, Heiligwies 99

Österreich
Verband der Krippenfreunde Österreichs
A-6010 Innsbruck, Sillgasse 5

Portugal
Federaciòn Portuguesa de Presepistas
Portalegre, Quinta do Rosal

Schweiz
Schweizerische Vereinigung der Krippenfreunde
Lausanne, Haus Meillerie, Nr. 5

Spanien
Federaciòn Española Belenista
Gijon, Calle Emilio Villa 4

Südtirol
Verband der Krippenfreunde Südtirols
I-39100 Bozen, Kloster Muri-Gries, Grieser Platz 21

Südamerika

Argentinien
Hermandad del Santo Pesebre
Cabildo, 425 – Buenos Aires

Bolivien
Varas Reyes prof. Victor
Parija

Brasilien
Associacao Brasileira do Presepio
Rua General Jardim, 595 – 1223 São Paulo

Chile
Grupo de Presepistas de la Asociaciòn Folkloristica Chilena
Castro, 689 – Santiago

Costa Rica
Padres Capuchinos
Apartado, 65 – Cartago

Kolumbien
Sociadad Pesebrista
Apartado Aéreo, 4768 Medellin

Venezuela
Asociaciòn Venezolana del Pesebre
Avenida Victoria Edificio Paterdam, 1040 Caracas

Afrika

Zaire
Association Zairois des Amis des Crèches
7éme Rue no 5, B. P. 16229 Kin 1
République du Zaire

Tyrolia-Bücher
in Ihre Hausbibliothek

Hans Fink

Verzaubertes Land

Volkskult und Ahnenbrauch in Südtirol
3., mit neuem Vorwort versehene Auflage, 424 Seiten, 14 Kunstdruckbilder, lam. Pappband
Eine umfassende und übersichtliche Darstellung aller Bereiche der Volkskunde, beginnend beim Steinkult der Urahnen und endend mit einer aktuellen Zusammenfassung der heute noch lebendigen Volksbräuche. Es ist ein bewährtes, aufschlußreiches Nachschlagwerk.

Josef Weingartner – Hermann Lugger

Tiroler Priesteroriginale

Humorgewürzte Lebensbilder
164 Seiten, mit 16 Illustrationen von Werner Moll, Milskin
Herzhafte Lebensbilder von Persönlichkeiten aus dem Tiroler Klerus, die durch ihr originelles seelsorgliches Wirken unvergessen bleiben: Dominikus Dietrich, Anton Draxl, Urban Draxl, Josef Grimm, Ferdinand Kätzler, Karl Koch, Franz Kralinger, Ignaz Mitterer, Johann Pohl, Josef Prieth, Reimmichl, Josef Resinger, Jakob Schreyer, Johann Sponring, Josef Weingartner, Bruder Willram.

Karl Depaoli

Verliabt in Tirol

Mundartgedichte und Fotonarreteien
96 Seiten, mit 32 Farbbildern, lam. Pappband
Karl Depaoli ist vielen Menschen, die Tirol kennen und lieben, zum Begriff geworden.
„Gesalzenes fehlt ebensowenig wie Gepfeffertes, manches rinnt durch die Kehle wie guter Rötel, den man noch lange nachkostet. Auch die Beilagen sind nicht vergessen: das Volksleben und seine Umstände in Vergangenheit und Gegenwart." (Kulturberichte aus Tirol).

Tirol isch lei oans

Tiroler Berggeschichten mit dem ,,Fahnlbua'' (Tirol 1809) von Reimmichl. 144 Seiten, 8 Farb- und 8 Schwarz-weißillustrationen, lam. Pappband

Reimmichl, der Schöpfer des Volksliedes ,,Tirol isch lei oans'', dokumentiert seine Liebe zur Tiroler Bergheimat in seinen schönsten Berggeschichten und im berühmten ,,Fahnlbua''.

Weihnacht in Tirol

Ein Volksbuch von Reimmichl. 160 Seiten, 8 Farbbilder, lam. Pappband

,,Weihnacht in Tirol'' galt seit je die besondere Zuneigung Reimmichls und hat die höchste Auflage seiner Bücher erreicht. Das spürt auch der Leser, der sich vom Frohsinn, von der Güte und Liebe dieses einmaligen Buches bezaubern läßt.

Reimmichls Volkskalender

Aus dem Inhalt des Jahrganges 1985: Reimmichls ,,Prinzeß Wirbelwind'' (Haupterzählung); Meine Begegnungen mit Propst Weingartner (zum 100. Geburtstag) von H. Lugger; Die Voraussagen der Waldpropheten; Haussprüche in Tirol; Die hl. Barbara im Kult und Brauchtum.

Erhältlich in allen Buchhandlungen